AF348505

DC.ES

A gaze at Washington, D.C. by five Spanish photographers
Cinco miradas de fotógrafos españoles a Washington D. C.

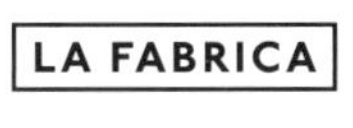

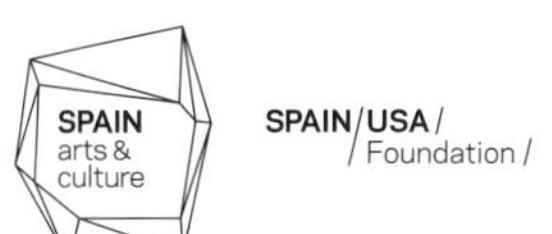

WASHINGTON IS WELL WORTH A PHOTO

WASHINGTON BIEN VALE UNA FOTO

MIGUEL ALBERO

The great Robert Walser wrote, surely after one of his famous walks, that *nature does not go abroad*. Neither does Washington — it's still there; it hasn't even applied for a passport. And foreigners, unlike Americans, don't come to visit it either, or at least not as much as they visit its cousin, New York, which has given rise to so many images that there is an inevitable sense of *déjà vu* when you eventually see it, even for the first time. This is not the case with Washington: although we do indeed have images of its monuments fixed in our mind, this is not true of its streets and neighborhoods. It is thus a pleasantly surprising city to visit, let alone live in and become a part of.

And we have brought to Washington five Spanish photographers — Juan Baraja, Paula Anta, Jesús Madriñán, Rosell Meseguer and Nicolás Combarro — who have two things in common but are different in almost every other respect. First, they have all previously received grants from the Spanish Royal Academy in Rome. The Tempietto de Bramante within it (encrusted in a cloister like a meteorite that had to be preserved by enclosing it) finally links up with the Capitol, for which it served as a model. This recognition is one common element, then, and it is not fortuitous, because we've chosen five former grant holders to celebrate the 150th anniversary of the Academy, Spain's most prominent overseas cultural institution, and because we knew that it would provide candidates with a proven track record. Second, these photographers belong to the same generation — a generation that has already proved outstanding, with a significant body of work to its credit, and therefore ideally placed to participate in the program of the Cultural Office of the Spanish Embassy in Washington to present Spanish creative artists in the USA. And that is where the commonality ends, because, as a perusal of the following pages will reveal, these five creators differ in their ways of looking at the world, and also in their techniques and even their formats. However, although they use their cameras for different ends, they are all fully aware that *the very act of taking a photo involves making moral decisions.*

DC.es is the fruit of their visit: five Spanish photographers' views of this city with so much symbolic weight yet so much life, so many monuments yet so much nature, and with so much diversity, so many people from elsewhere, just like the photographers themselves. They were given clear instructions: a stay of ten days, ten photos, total freedom (obviously), and an exhibition and this book at the end. An indispensable local partner was the Corcoran School of the Arts & Design, a legendary institution that now forms part of George Washington University. Its students took portraits of our photographers, and its classrooms played host to talks and workshops they gave.

After providing this incomparable picture-postcard setting, selecting the photographers, and establishing a framework for the project — keeping this in the forefront on the 150th anniversary of the Academia in Rome, during Spain's presidency of the EU, as well as offering a gift to Washington, D.C. — the result is what you are holding in your hands: different ways of looking at the city from five highly talented and resourceful Spanish creators. These views could not be more distinct, but at the same time they couldn't be more Washingtonian. A creator sees a commission as a stimulus, as an invitation to steer their

El gran Robert Walser dejó escrito, seguramente tras alguno de sus renombrados paseos, que *la naturaleza no viaja al extranjero*. Washington tampoco, ahí sigue, sin pedirse siquiera el pasaporte, y los extranjeros, a diferencia de los americanos, tampoco viajan a visitarla, al menos no tanto como a su prima Nueva York. Esta última, Nueva York, ha generado tantas imágenes que es inevitable sentir que uno está viendo lo ya visto, aunque sea la primera vez. No sucede lo mismo con Washington, de cuyos monumentos sí conservamos imágenes en la retina, pero no así de sus calles ni de sus barrios, y por eso es ciudad que sorprende gratamente al que la visita, más aún a quien pasa dichoso a habitarla y a convertirse así en uno más.

Y hasta Washington hemos traído a cinco fotógrafos españoles —Juan Baraja, Paula Anta, Jesús Madriñán, Rosell Meseguer y Nicolás Combarro— que comparten dos cosas y difieren en casi todo lo demás; comparten el ser ex becarios de la Academia de España en Roma. El Tempietto de Bramante que allí está, incrustado en el claustro como un meteorito al que hubiera que preservar rodeándolo, se junta al fin con el Capitolio, del que es modelo. Es este un elemento común pero no casual, pues escogimos a cinco ex becarios para celebrar el 150 aniversario de la Academia, la institución cultural española en el exterior de más arraigo, y porque así estábamos seguros de pescar en caladero de calidad contrastada. Comparten también generación, esa generación que ya ha despuntado, con una obra detrás que los acredita y están, por tanto, en el momento ideal para cuanto el proyecto y la Oficina Cultural de la Embajada de España en Washington persiguen, dar a conocer a nuestros creadores en este país. Y hasta ahí llegan las coincidencias porque, como cualquiera que se asome a las páginas que siguen comprobará, las maneras de mirar difieren, también las técnicas, cómo no los formatos, cada uno pone el foco en algo distinto, aunque los cinco sabiendo bien que *todo enfoque es una decisión moral.*

DC.es es el resultado de esa visita, la mirada de cinco fotógrafos españoles a esta ciudad con tanto peso simbólico pero con tanta vida, con tanto monumento pero también con tanta naturaleza, con tanta diversidad, gente de otros ámbitos venidos aquí, como los propios fotógrafos, de los lugares más diversos. La propuesta estaba clara; diez días de estancia, diez fotos, libertad absoluta, como no podría ser de otra forma, y como resultado una exposición y este libro. Para contar con la imprescindible contraparte local, qué mejor que la Corcoran School of the Arts & Design, institución mítica en esta ciudad, ahora perteneciente a la George Washington University, cuyos alumnos han ejercido de retratistas de nuestros fotógrafos, y cuyas aulas han acogido charlas y talleres de los efímeros visitantes.

Establecido el marco incomparable, como en las postales *souvenir,* seleccionados los fotógrafos y enmarcado el proyecto —para no abandonar nunca el marco, en ese 150 aniversario de la Academia de Roma, y en la presidencia española de la UE, para ofrecerle un regalo a esta ciudad—, el resultado es el que el lector tiene entre manos, las maneras de ver Washington de cinco creadores españoles llenos de talento y recursos. Y no podrían haber sido más dispares, y no podrían a la vez haber sido más Washington. Para el creador todo encargo es un estímulo, una invitación

obsessions and perspectives in a particular direction, and as an incentive to concentrate their talent on one subject.

Florida Avenue is the project undertaken by Juan Baraja, who was the first to arrive in D.C. *There is another world but it is this one* is a declaration attributed to Paul Eluard, as well as a slogan for a perfume ad. *There are other Americas but they're on Florida Avenue,* observes Juan Baraja with this fantastic series, this project that is both multifaceted and single-minded, both diverse and compact. His journey down Florida Avenue seems like an exploration of the entire country, a classic road trip, as if, just as Walt Whitman contained multitudes, the avenue holds within it the nuances and frontiers of this country that is really a continent. A country which, as we can see in some of the photos, is still under construction, which embraces the urban and the rural, the elegant and the sleazy, the commercial and the residential. Antonio Muñoz Molina calls Juan Baraja the *photographer of the right angle* and says that his work recalls Diane Arbus's statement: *There are things nobody would see if I didn't photograph them.* Here, he applies that right angle to a street that is diagonal and also curved, winding in and out so that, on a stroll through D.C., you come across it when you least expect to. And when Juan Baraja pays attention, when he casts his gaze on something, that something stands still and is ennobled, frozen and exalted.

Paula Anta focuses on roots in *Uproot,* a project that delves into uprooting in its narrowest sense and branches out, with all her characteristic elegance and subtlety, into another two tributaries: *Thermal* and *Hoist.* These (literally) submerge into the Potomac, that typically Washingtonian river on which airplanes sometimes land in the absence of a runway. Anta's work has a magical quality, with those thermal blankets that embrace nature as if to shelter it from all evil. Nature is almost always Paula Anta's starting point — nature that asks us questions and, above all, speaks to us about ourselves; nature that is almost as present as asphalt in Washington, probably the capital city most well-endowed with nature, where woods stand in for parks. As Sérgio Mah has observed with respect to Paula Anta, *her photographic output can be understood as a wide-raging inquiry into the possibilities of appropriating, tracing, and transfiguring aspects of nature through visions and gestures that expose the perceptive and symbolic dynamics that we repeatedly unleash in the face of the materials inherent in the natural.* And, in this inquiry, Paula Anta has given us a splendid but also critical exercise in style, a Washington that exists but would remain undiscovered if it were not for her.

Jesús Madriñán is a photographer of yesterday and tomorrow — yesterday because he uses a plate camera and negatives (somebody once called him *the blindfold photographer*), and tomorrow because his photographs have a timeless, classical quality, perhaps because, as he himself has stated, *my work is halfway between documentary photography and staged photography, because the lighting technique that I use belongs to the world of the studio, the world of the classical studio portrait.* Like most of his work, *Washington Store,* his wonderful series for *DC.es,* explores identity, focusing in this case on the LGBTIQA+ collective. As always, it is imbued with a spirit of adventure, starting with a call via social media to meet in a warehouse

a dirigir sus obsesiones y sus enfoques a algo, una instigación a concentrar su talento en un asunto.

Florida Avenue es el proyecto de Juan Baraja, el primero en venir a D. C. *Hay otros mundos pero están en este* es una frase atribuida a Paul Eluard, además de un anuncio de perfume. *Hay otras Américas, pero están en la calle Florida,* viene a apuntar Juan Baraja con esta serie fantástica, con este proyecto a la vez múltiple y unívoco, diverso y compacto. Porque su recorrido por la Avenida Florida pareciera un *íter* por todo el país, un clásico *road trip,* como si al igual que Walt Whitman contenía multitudes, la avenida contuviera en sí misma los matices y las fronteras de este país que es en verdad un continente. Un país que como vemos en algunas de las fotos está todavía por hacer, en construcción, y que abarca lo urbano y lo rural, lo elegante y lo tirado, lo comercial y lo residencial. Antonio Muñoz Molina lo llama *el fotógrafo del ángulo recto,* y al hablar de su fotografía recuerda una cita de Diane Arbus, *hay cosas que si yo no las fotografiara nadie las vería.* Ese ángulo recto lo aplica aquí a una calle que es diagonal y a la vez curva, que aparece y desaparece, con la que te topas al deambular por D. C. cuando menos te lo esperas. Y cuando se fija, cuando pone su mirada en algo, ese algo a la vez se detiene y se ennoblece, se paraliza y se eleva.

Paula Anta se centra en las raíces en *Uproot,* un proyecto que indaga sobre el desarraigo en su acepción más literal, y que se desdobla en otros dos, *Thermal* y *Hoist,* con esa elegancia y sutileza tan suyas, sumergiéndose en el Potomac, incluso en sentido estricto, ese río tan *guasintoniano* donde a veces aterrizan los aviones a falta de pista. Su trabajo tiene algo de mágico, con esas mantas térmicas que abrazan la naturaleza como para protegerla de todo mal. Porque la obra de Paula Anta casi siempre parte de una aproximación a la naturaleza que nos interpela, nos habla de lo natural pero sobre todo de nosotros, una naturaleza que en Washington está casi tan presente como el asfalto, probablemente la capital con más naturaleza en su trazado, donde los parques se sustituyen por bosques. Y es que, como escribe Sérgio Mah a propósito de su obra, *su producción fotográfica puede ser entendida como una amplia indagación sobre las posibilidades de apropiar, rastrear y transfigurar aspectos de la naturaleza, a través de visiones y gestos que ponen de manifiesto las dinámicas perceptivas y simbólicas que reiteradamente desencadenamos ante las materias inherentes a lo natural.* Y en esa indagación Paula Anta nos ha ofrecido un espléndido y a la vez crítico ejercicio de estilo, un Washington que aquí está, pero que nunca habríamos descubierto sin ella.

Jesús Madriñán es fotógrafo de antes y de mañana, de antes porque utiliza cámara de placas y negativos (alguien lo llamó por eso *el fotógrafo a ciegas*), y de mañana, o si prefieren del mañana, porque sus fotografías tienen algo de atemporal, de clásico, quizás porque como él mismo afirma, *mi trabajo está a caballo entre la fotografía documental y la fotografía escenificada, porque la técnica de iluminación que utilizo pertenece al mundo del estudio, al mundo del retrato clásico en estudio.* Su maravillosa serie para *DC.es, Washington Store,* indaga en la identidad, como en casi toda su obra, y esta vez se centra en el colectivo LGBTIQA+, un trabajo que en su caso como siempre tiene mucho de aventura, la convocatoria en un almacén, y no por nada en

(with good reason). The resulting group of people were photographed both individually and collectively, in portraits that interrogate the viewer, but their questions transmit serenity and nobility, tenderness and curiosity, because, ultimately, Madriñan's gaze is characterized by these elements: infinite curiosity, a classical viewpoint that distils serenity and nobility, and an inevitable tenderness that grants his subjects a life of their own.

Architecture has always been a source of inspiration for Nicolás Combarro. According to Santiago Olmo, *he must be considered an artist who uses photography, who acts in visual terms and thinks in photographic ones.* His vision of a city like Washington, laden with symbolism linked to power, homes in on things that are hidden and go unnoticed at first sight. In an era intent on reviewing the past, art serves to formulate these questions and, in this case, reflect on representation. Nicolás Combarro does this by pointing his lens at places unaccustomed to such attention — the rear of the statues and monuments that inhabit this city replete with statues and monuments. By looking at them from behind (the title of his series, *Background*, could hardly be more appropriate), he delves into the history of not only the figures they represent but also the very monuments themselves, in a critical but stylish manner. As Combarro explains, *this project seeks to question and learn, always in positive terms, based on different forms of representation or their absence, which is another important issue to tackle.* The rear view may have a physical presence in photographs but it is really, more than anything else, conceptual. When the architect Doménech i Montaner was asked why he devoted as much care to the back of the Palau de la Música in Barcelona as the front, he replied: *God sees it.* Here, Combarro focuses his attention on the rear of these monuments, directing our gaze away from the figure being represented on to other things, on to their origins and their *raison d'être.*

The last to arrive was Rosell Meseguer, complete with her chemical equipment, brimming with enthusiasm, to offer us her *City of Power. City of trees,* a project which, as the subtitle explains, proposes an herbarium for Washington. Because, as mentioned above, this city symbolizing power is also a city of trees, conceived as such by its founders. Rosell Meseguer uses photography as an instrument, and her work is redolent of the approach of an entomologist in its passion for discovering, classifying, and condensing. And, from her highly impressive dictionary *Quadra Minerale* to her recipe book *Luna Cornata,* she has approached, with all the ambition of a scientist, the task of grasping something and then endowing it with a magical yet tangible aura — in this case, the local flora. She studied them beforehand, collected samples when she arrived, and finally turned them into a splendid series of pieces involving techniques as varied as cyanotypes, analog photography, and sketchbooks. As Francisco Carpio perceptively points out, *unlike other artists, Rosell does not confine herself to casting a pure, strictly documentary and testimonial gaze on emulsified photographic paper but also tries to reflect a more subjective emotional temperature, more marked by man's visible or invisible traces.* The traces here are taken from the plant kingdom, providing another way of appreciating Washington, of comprehending it, one could say, more comprehensively.

un almacén, a través de una app de contactos, de un grupo de personas que quedan retratadas de forma individual y colectiva, en unos retratos que hablan al espectador, que lo inquieren, pero que en esa pregunta destilan asimismo serenidad y altura, ternura y curiosidad, porque al cabo mucho de todo ello hay en la mirada del artista, una curiosidad infinita, un enfoque clásico que destila serenidad y altura, y una inevitable ternura que dota de vida propia a quien retrata.

La arquitectura ha sido siempre fuente de inspiración para Nicolás Combarro, al que, como subraya Santiago Olmo, *hay que considerar como un artista que utiliza la fotografía, que actúa en claves plásticas y que piensa en términos fotográficos.* Su mirada a una ciudad como Washington, tan cargada de simbología relacionada con el poder, es una mirada que se fija en lo oculto, en aquello que a primera vista pasa desapercibido. En un tiempo en el que vivimos una revisión del pasado, el arte sirve para hacernos esas preguntas, para formularlas, para reflexionar en este caso sobre la representación. Y para ello, Combarro pone el foco en cuanto no pretende tenerlo, en la parte trasera de las estatuas y monumentos que pueblan esta ciudad tan llena de estatuas y monumentos. Mirarlos por detrás, no por nada *Background* es el título de su trabajo, es decir, indagar sobre la historia de esos monumentos, no tanto o no solo de cuanto representan, sino del monumento en sí, en un ejercicio crítico y a la vez plástico. Como el propio Combarro subraya, *este proyecto busca cuestionar y aprender, siempre en términos positivos, a partir de diferentes formas de representación o de su ausencia, cuestión también importante a abordar.* Esa parte de atrás que en la fotografía es física, lo es en verdad conceptual. El arquitecto Doménech i Montaner afirmó *Dios lo ve* cuando le preguntaron por qué quería concebir con el mismo grado de cuidado la parte trasera de cuanto hoy es el Palau de la Música. Aquí Combarro no se fija en esa parte física, sino en su trasfondo, para que al verla no veamos la figura que representa, sino que nos fijemos en otras cosas, en el origen, en la razón de ser.

Y la última en venir fue Rosell Meseguer, cargada de químicos y entusiasmo, para ofrecernos *City of Power. City of trees,* un proyecto que, como explica el subtítulo, propone un herbario para Washington. Porque, como ya se ha mentado, la ciudad símbolo del poder es también una ciudad de árboles, concebida desde el inicio por sus fundadores como una capital arbolada. El trabajo de esta artista que emplea como instrumento la fotografía tiene mucho de la labor del entomólogo, esa fascinación por descubrir, clasificar y condensar asuntos varios. Y desde su muy impresionante diccionario *Quadra Minerale* hasta su recetario *Luna Cornata,* Rosell Meseguer aborda con ambición de científico la tarea de comprender algo y dotarlo luego de un aura mágica y a la vez tangible. En este caso, plantas de aquí, que primero estudió, luego recolectó en su visita y finalmente convirtió en una serie espléndida de piezas, con técnicas variadas como la cianotipia, la fotografía analógica o el libro de artista. Y es que, como señala con tino Francisco Carpio, *a diferencia de otros artistas, Rosell no se limita a arrojar sobre el emulsionado papel fotográfico una mirada pura y duramente documental y testimonial, sino que también trata de reflejar una temperatura emocional y algo más subjetiva, más teñida por la huella,*

The body of work presented herein is indeed very diverse, and indeed very Washingtonian, a gift from our creators to this city, and to all of us as well. We wanted to include in this book a text on contemporary Spanish photography, in which these five photographers are inevitably immersed, not because they represent it but because they have inevitably contributed to its configuration. María Santoyo has risen with aplomb to the almost impossible task of sketching this subject in only a few pages, and her text can undoubtedly serve as a guide for any newcomer to our photography and as a welcome polaroid reflecting something that is still alive and, therefore, constantly changing. *Free and enthusiastic* is, moreover, a wonderful title, and a very apposite description of the five photographers in this project, and her enthusiasm in taking on our proposal deserves nothing but thanks and praise. The fact that the result has been published as a book rather than a catalog reflects the desire to bring our creators to a wider audience, and the involvement of a publishing house with the prestige and international outreach of La Fábrica undoubtedly enables us to fulfill this desire. And at this point it is appropriate to thank somebody who is no longer with us, Alberto Anaut, whose stature as a marvelous project administrator will only grow with time, and whose absence leaves all of us who collaborated with him as orphans. May this book serve as an everlasting memorial to him.

Like all the projects undertaken by this office, this has been a collective undertaking in which everybody has contributed their experience, and of course their enthusiasm, patience, and even wisdom. Apart from the civil servant who penned this article, Paula Sánchez Lahoz, Ana Fernández Quiñones, and Anna Sant Vall are also responsible for this collective work. We hope that it serves to enable our creators to gain recognition in the United States, because that, and nothing less, is our mission.

visible o invisible, del hombre. Esa huella es aquí planta, es otra forma de entender Washington, de comprenderlo, o si prefieren, de comprehenderlo.

El conjunto de los trabajos aquí presentados es en efecto muy diverso y es en efecto muy Washington, un regalo que nuestros creadores hacen a esta ciudad, y de paso a todos nosotros. Hemos querido acompañar este libro con un texto sobre fotografía española contemporánea, en la que de forma inevitable estos cinco fotógrafos están inmersos, no porque la representen, sino porque también inevitablemente ayudan a conformarla. María Santoyo respondió con maestría al reto casi imposible de trazar en pocas páginas un esbozo de esa fotografía, y sus líneas sin duda pueden servir de guía al que se acerque a nuestra fotografía por vez primera, y también de oportuna polaroid, de algo que sigue vivo y, por tanto, mutando. *Libres y entusiastas* es, además de un maravilloso título, una muy atinada definición de los cinco fotógrafos de este proyecto, y el entusiasmo en acoger nuestra propuesta solo merece agradecimiento y aplauso. Que el resultado aparezca publicado como libro y no como catálogo tiene que ver con esa idea de dar a conocer a nuestros creadores. Que sea en una editorial con el prestigio y distribución internacional de La Fábrica sin duda sirve para cumplir con ese objetivo. Y aquí toca agradecer a quien ya no está, Alberto Anaut, cuya figura como maravilloso gestor de proyectos irá creciendo con el tiempo, pero cuya ausencia deja huérfanos a todos los que lo tratamos. Sirva este libro para recordarlo siempre.

Ha sido este, como todos los proyectos de esta oficina, un proyecto colectivo, donde cada uno ha aportado en experiencia, desde luego entusiasmo, paciencia y hasta incluso sabiduría. Además del funcionario que suscribe, Paula Sánchez Lahoz, Ana Fernández Quiñones y Anna Sant Vall son las responsables de este trabajo colectivo. Esperamos que sirva para cumplir el objetivo de dar a conocer en Estados Unidos a nuestros creadores, pues esa y no otra es nuestra misión.

FREE AND ENTHUSIASTIC

LIBRES Y ENTUSIASTAS

MARÍA SANTOYO

Mapping an overview of contemporary Spanish photography seemed a daunting task right from the start. Merely looking at the terms of the proposal aroused well-founded doubts. What do we mean by photography? When does contemporaneity begin? And, finally, can a body of creative work have sufficient idiosyncrasy to be circumscribed to a specific geopolitical territory (in this case, Spain)?

Strictly speaking, as an art historian I could have admitted the powerlessness of my discipline against prevailing preconceptions and established the start of the contemporary era as the dawn of photography itself, in the second third of the nineteenth century. But, obviously, synthesizing the complete history of 185 years of Spanish photography in a brief article would only make my task even more onerous and pretentious (another doubt: are we talking about photography made in Spain, or photography created by my compatriots both within and beyond its geographical limits, regardless of their place of residence?).

This book presents recent projects produced by five acclaimed photographers — two women and three men — in the capital of the United States. They were all born in Spain between 1976 and 1984, at the height of the democratic transition after the death of the dictator Francisco Franco. They are now aged between forty and fifty, considered to be in "mid-career": they have established themselves, their work is seen and recognized, even on the international stage, but they are still inhibited by the continued vitality of the previous generation, and the priority afforded it by institutions. They are creators from my own age group — the *generation of enthusiasm* (we'll come back to that).

On this basis, I could narrow my proposal down to a significant political and social time frame: I could attempt a photographic overview of the first generation born in democracy. This framework is important, especially for those readers with the good fortune to live in countries whose democracy has not been infringed over the course of time. It also highlights the ontological link between this political system and the medium of photography, whose official birth was marked by the presentation of the daguerreotype in the French Chamber of Deputies on July 3, 1839, and, subsequently, on August 19 in the Academy of Science in Paris by the republican politician (and mathematician, physicist, and astronomer) François Aragó. In his speech presenting the new invention, the following sentence stands out: "The artist is sure to find valuable assistance in the new procedure, and art itself will be democratized thanks to the daguerreotype."

Aragó's interest in nationalizing an invention such as Louis Daguerre's — which, for the first time, successfully fixed an image captured by a camera obscura on a durable support — went well beyond purely technical concerns. François Aragó was a staunch defender of the dissemination of scientific knowledge as a pre-condition for the establishment of a free, representative, and egalitarian state. French republicanism stood on the platform of public instruction and education for the masses. Aragó was also heavily influenced by the writings of the socialist theorist Henri de Saint-Simon, who advocated state intervention in industrial policy, and the ideas of Henry Brougham, a leading figure in the British

Trazar un panorama de la fotografía española contemporánea se me antojó bien difícil desde el principio. Los mismos términos del enunciado generaban en mí dudas razonables: ¿qué entendemos por fotografía?; ¿cuándo empieza la contemporaneidad? Y, por último, ¿existe una creación cuya idiosincrasia pueda circunscribirse a un territorio geopolítico concreto (en este caso, España)?

Stricto sensu, siendo yo historiadora del Arte y asumiendo la impotencia de mi disciplina frente a lo vigente, podría haber determinado que la edad contemporánea se inicia precisamente con el advenimiento de la fotografía, en el segundo tercio del siglo XIX. Pero, obviamente, sintetizar la Historia completa de los ciento ochenta y cinco años de fotografía española en un breve artículo añadía dificultad y pretenciosidad a la tarea (otra duda: ¿fotografía hecha en España o creada por mis compatriotas dentro o fuera de sus límites geográficos, con independencia de su lugar de residencia?).

Este libro presenta proyectos recientes realizados por cinco destacados fotógrafos —dos mujeres y tres hombres— en la capital de los Estados Unidos de América. Todos ellos nacieron en España entre 1976 y 1984, en pleno período de transición democrática tras la muerte del dictador Francisco Franco. Tienen actualmente entre 40 y 50 años y son autores denominados «de medio recorrido»: sus carreras están asentadas, gozan de visibilidad y reconocimiento, incluso internacional, pero todavía están condicionados por la plena actividad y la prioridad institucional otorgada a la generación anterior. Son creadores de mi quinta; la *generación del entusiasmo* (luego volveremos a ello).

Desde esta constatación pude acotar el encargo con un matiz temporal, político y social importante: podía tratar de establecer un posible panorama fotográfico de la primera generación nacida en democracia. Este matiz es importante, especialmente para los lectores que tengan la suerte de vivir en países cuya democracia no se ha visto vulnerada a lo largo de la Historia. Por otro lado, apela al vínculo ontológico entre dicho sistema político y el medio fotográfico, cuya fecha de nacimiento oficial coincide con la presentación del daguerrotipo en la Cámara de los Diputados francesa el 3 de julio de 1839, y posteriormente el 19 de agosto en la Academia de Ciencias de París por parte del político republicano (además de matemático, físico y astrónomo) François Aragó. En su discurso de presentación del nuevo invento, destaca la siguiente frase: «El artista ha de encontrar en el nuevo procedimiento un precioso auxilio, y el propio arte se verá democratizado gracias al daguerrotipo».

El interés de Aragó por la nacionalización de un invento como el de Louis Daguerre, que por primera vez lograba fijar con precisión la imagen captada por una cámara oscura en un soporte perdurable, iba más allá de lo técnico. François Aragó fue un firme defensor de la divulgación científica como medio indispensable para el establecimiento de un Estado libre, representativo e igualitario. El republicanismo francés se asentaba sobre la base de la instrucción pública, de la educación de las masas. Aragó estaba, por otro lado, fuertemente influido por los escritos del teórico socialista Henri de Saint-Simon, que abogaba por la intervención del Estado en la política industrial, y por las ideas de Henry Brougham, figura eminente del movimiento liberal

liberal movement and founder of the Society for the Diffusion of Useful Knowledge, devoted to the publication of books for the working class that would forestall violent protest. Based on these principles in keeping with the progressive thinking of the times, Aragó recognized the potential of a machine capable of *disseminating images*. Accordingly, he sought to pass the ownership of the daguerreotype to the French people (in return for a life annuity for Daguerre), in order to democratize art — in other words, to offer an accessible means to disseminate knowledge and representation to classes that had been previously unrepresented or had lacked the resources or training for their own self-representation. In short, photography was born as the first artistic mass medium, on account of its technical capacities, its obvious commercial potential, and its ideological fit with the tenets of enlightened republicanism.

Few histories of photography closely examine this crucial aspect when they deal with the origins of the medium, which are generally described in vague terms from an exclusively technical standpoint, with barely a mention of the political and cultural context in which photography developed and was propagated, in both France and England. Particularly worthy of note in this respect is the research of Jorge Ribalta, who defines photography as "an art of public affairs" that satisfies the "need to represent the anonymous disenfranchised citizenry, the *demos*, in the era of mass communication." Rebecca Mutell and Martí Llorens, for their part, have also taken on the enormous challenge of translating and critically reviewing the primary sources associated with the birth of photography, allowing us to better understand the indissoluble relationship between the photographic act and democratic culture, as well as the intrinsic relationship between photography and popular culture (another matter that we shall return to later on). For all these reasons, it seemed appropriate to establish a framework that would bring together Spain's first democratic generation and history's first democratic art.

The next step toward being able to provide a brief text with an overview that can anyway only be subjective and fragmentary (just like photography itself) was to turn to my own theoretical reference points, and the breakthroughs they constituted: recent exhibitions and publications that have tackled the same subject with a rigor and depth to which we are indebted. Carmelo Vega's manual, *Fotografía en España (1839–2015). Historia, tendencias, estéticas*, has proved an indispensable source for me. In it, Vega mentions two exhibitions from the late 1980s which, "from a global perspective, shook off historical ties with the fifties and sixties to situate the start of contemporary photography in the early 1970s": the show curated by Joan Fontcuberta for the Musée Cantini in Marseille in 1988, entitled *Création photographique en Espagne, 1968–1988. De Nueva Lente à Photo Vision,* and the exhibition presented in 1991 in the Museo Nacional Centro de Arte Reina Sofía, under the curatorship of Manuel Santos, *Cuatro direcciones. Fotografía contemporánea española. 1970–1990.*

We must also mention an anthology that established new references and focused for the first time on the generation that concerns us here: the book *100 fotógrafos*

británico y fundador de la Society for the Diffusion of Useful Knowledge, dedicada a publicar libros destinados a la clase obrera que buscaban la eliminación del disenso violento mediante la promoción del «saber útil». En base a estos principios, propios del pensamiento progresista de su tiempo, Aragó fue consciente de las posibilidades que brindaba una máquina capaz de *divulgar imágenes*, y maniobró para hacer del daguerrotipo un invento perteneciente al pueblo francés (a cambio de una pensión vitalicia para Daguerre) con el fin de democratizar el arte, es decir, para ofrecer una vía de diseminación del saber y de representación accesible para las clases que no habían sido representadas hasta entonces, o que no disponían de medios o formación para su auto-representación. La fotografía, en suma, nació como primer medio artístico de masas por sus cualidades técnicas, por su evidente potencial comercial, y por su pertinencia ideológica en el seno del republicanismo ilustrado.

Pocas historias de la fotografía se fijan en esta cuestión tan trascendente al abordar los orígenes del medio, que generalmente se describen de manera somera y desde una perspectiva exclusivamente técnica, sin apenas conceder espacio al importante contexto político y cultural en el que se desarrolló y difundió el medio fotográfico, tanto en Francia como en Inglaterra. Conviene reivindicar en este sentido las investigaciones de Jorge Ribalta, quien define la fotografía como «un arte de los asuntos públicos» que satisface «la necesidad de representar a la ciudadanía anónima y desempoderada, el *demos,* en la era de la comunicación de masas». Rebecca Mutell y Martí Llorens, por su parte, también están desarrollando una labor ingente de traducción y revisión crítica de las fuentes primarias asociadas con el nacimiento de la fotografía, permitiéndonos comprender mejor la relación indisoluble entre el hecho fotográfico y la cultura democrática, así como la relación intrínseca entre la fotografía y la cultura popular, algo sobre lo que también volveremos más adelante. Por todo ello, establecer un marco que uniese a la primera generación democrática española con el primer arte democrático de la historia me pareció oportuno.

El siguiente paso para poder, en un texto breve, ofrecer una visión panorámica que en cualquier caso no puede sino ser subjetiva y fragmentaria (como la fotografía misma) me hizo recurrir a mis propios referentes teóricos y sus logros preliminares: exposiciones y publicaciones recientes que emprendieron la misma tarea anteriormente, con un rigor y profundidad de los que somos deudores. El manual de Carmelo Vega *Fotografía en España (1839-2015). Historia, tendencias, estéticas* es para mí una fuente indispensable. En él, Vega cita dos proyectos expositivos de finales de los años 80 del siglo XX que «desde una perspectiva global, se liberaron de la atadura histórica con los años 50 y 60 para ubicar los inicios de la fotografía contemporánea a comienzos de esa década de los 70»: la muestra comisariada por Joan Fontcuberta para el Museo Cantini de Marsella en 1988 titulada *Création photographique en Espagne, 1968-1988. De Nueva Lente à Photo Vision y* la exposición presentada en 1991 en el Museo Nacional Centro de Arte Reina Sofía, bajo el cuidado de Manuel Santos, *Cuatro direcciones. Fotografía contemporánea española. 1970-1990.*

Debemos además citar una publicación antológica que también asentó nuevos referentes y prestó por primera

españoles, edited by Rosa Olivares and published by Exit Publications in 2005. It featured many of the figures born between 1975 and 1989 that now hold the torch for Spanish photography: Rubén Acosta, Paula Anta, Juan Baraja, Mikel Bastida, Ángel de la Rubia, Cristina de Middel, Jorge Fuembuena, Julio Galeote, Paula Cortázar, José Guerrero, Ali Hannon, Anna Huix, Jesús Madriñán, Juan Carlos Martínez, Ignacio Navas, Vanessa Pastor, Aleix Plademunt, Alberto Salván, Miguel Ángel Tornero, and Antonio M. Xoubanova.

In 2014, the 16th PHotoESPAÑA festival devoted to Spanish photography not only coincided with another essential book, the *Diccionario de fotógrafos españoles* co-published by La Fábrica and Acción Cultural Española and edited by Oliva María Rubio, but also threw the spotlight on other key creators from the democratic generation not listed above: Julián Barón, Ricardo Cases, Jon Cazenave, Nicolás Combarro, Iñaki Domingo, Alberto Feijoo, Olmo González, Érika Goyarrola, Roger Guaus, Albert Gusi, Roc Herms, David Hornillos, Alejandro Marote, Rosell Meseguer, Óscar Monzón, Noelia Pérez, Tanit Plana, Ixone Sádaba, Txema Salvans, Carlos Sanva, Jon Uriarte, Juan Valbuena, and Fosi Vegue.

The year 2015 also witnessed important overviews such as the book *Contemporáneos. Treinta fotógrafos de hoy*, again published by La Fábrica, but I would particularly like to dwell on an even more recent project that I consider a landmark: the work undertaken by the researcher, teacher, and critic Jesús Micó under the banner of *[Un cierto panorama] — reciente fotografía de autor en España*.

This exhibition (and its accompanying catalog), presented in the Sala Canal de Isabel II in Madrid in 2017, reflected Micó's wide-ranging knowledge of contemporary work, acquired in the hard slog of photography schools and the inevitable juries and viewings that have become veritable promotional platforms for contemporary creators. These platforms were complemented, above all, by one of the most significant exhibition-publishing initiatives for emerging photographers currently in existence, promoted by the Universidad de Cádiz and run by Jesús Micó since 2007: the *Cuadernos de La Kursala*. Micó himself has explained the reasoning behind this project: "I decided to steer *La Kursala* toward the impulse of promising new auteurs, auteurs whose program was, in my opinion, much more stimulating and fresh (as well as necessary) than that of renowned auteurs, as this type of young photography seemed to be fairly neglected by 'the system' (…) Our strategy of extra-local promotion could only succeed through publications. If the people in the central nucleus of power in contemporary Spanish art were not going to visit our gallery (and the same is true of a large audience), then it was up to us to travel regularly toward them, every two months, by putting in their hands (humbly but insistently) some very personal volumes in the form of photobooks that would break with the traditional concept (and function) of an exhibition catalog. Our collection, *Los Cuadernos de la Kursala*, would be our only passport into the current Spanish art system, to reach an advanced audience." And he was right. Many of the *Cuadernos* became collectors' items and went on to form part of the archives of the Centro de Documentación in the Museo Nacional Reina Sofía.

vez atención a la generación que nos ocupa: el libro *100 fotógrafos españoles*, dirigido por Rosa Olivares y editado por Exit Publicaciones en 2005. En él se citaban muchos de los nombres que hoy representan la fotografía española actual, autores nacidos entre 1975 y 1989: Rubén Acosta, Paula Anta, Juan Baraja, Mikel Bastida, Ángel de la Rubia, Cristina de Middel, Jorge Fuembuena, Julio Galeote, Paula Cortázar, José Guerrero, Ali Hannon, Anna Huix, Jesús Madriñán, Juan Carlos Martínez, Ignacio Navas, Vanessa Pastor, Aleix Plademunt, Alberto Salván, Miguel Ángel Tornero y Antonio M. Xoubanova.

En el año 2014, además de publicarse otro tomo tan importante como el *Diccionario de fotógrafos españoles*, coeditado por La Fábrica y Acción Cultural Española bajo la dirección de Oliva María Rubio, la XVI edición de PHotoESPAÑA, dedicada a la fotografía española, puso el foco en otros creadores imprescindibles de la generación democrática no citados anteriormente: Julián Barón, Ricardo Cases, Jon Cazenave, Nicolás Combarro, Iñaki Domingo, Alberto Feijoo, Olmo González, Érika Goyarrola, Roger Guaus, Albert Gusi, Roc Herms, David Hornillos, Alejandro Marote, Rosell Meseguer, Óscar Monzón, Noelia Pérez, Tanit Plana, Ixone Sádaba, Txema Salvans, Carlos Sanva, Jon Uriarte, Juan Valbuena o Fosi Vegue.

El año 2015 también tuvo proyectos panorámicos relevantes como el libro *Contemporáneos. Treinta fotógrafos de hoy*, de nuevo publicado por La Fábrica, pero quisiera detenerme en un proyecto todavía más reciente y, desde mi punto de vista referencial, emprendido por el investigador, docente y crítico Jesús Micó bajo el título *[Un cierto panorama] —reciente fotografía de autor en España—*.

Dicha exposición, y el catálogo que la acompañaba, presentada en la Sala Canal de Isabel II de Madrid en 2017, recogía el profundo conocimiento de Micó sobre la creación contemporánea, adquirido en las trincheras de las escuelas de fotografía y en los ineludibles jurados y visionados, que se han constituido en verdaderas plataformas de promoción para los autores contemporáneos; pero sobre todo a través de una de las iniciativas expositivas y editoriales más importantes para los fotógrafos emergentes que existe en la actualidad, promovida por la Universidad de Cádiz y dirigida por Jesús Micó desde 2007: los *Cuadernos de La Kursala*. El propio Micó explica el propósito con el que nació dicho proyecto: «Decidí optar por orientar *La Kursala* al impulso de autores noveles y prometedores, unos autores cuya programación, a mi juicio, era mucho más estimulante y fresca (además de necesaria) que la de los autores consagrados, ya que este tipo de fotografía joven parecía encontrarse bastante desatendida por "el sistema" (…) Nuestra estrategia de promoción extralocal solo podría depender de las publicaciones. Si quienes conforman el núcleo central de poder del arte contemporáneo español no iban a venir a visitar nuestra sala (así como tampoco una audiencia mayoritaria), entonces seríamos nosotros los que cada dos meses viajaríamos puntualmente hasta ellos/as presentándonos en sus manos (humilde pero insistentemente) en forma de fotolibros con un marcado carácter de autor, unos volúmenes muy personales que romperían con la concepción (y función) tradicional de un catálogo de exposición. Nuestra colección, *Los Cuadernos*

Micó presented many of the photographers that came to light through the *Cuadernos* in his *[Un cierto panorama]* and provided a much more balanced selection in terms of gender. Although I have not brought up this issue so far, it is one of the thorniest in the recent politics of photography. Many female creators of my generation who have been producing excellent work for at least two decades have been sidelined and denied the same attention from cultural institutions and industries as their male colleagues. I will therefore list the women's names that appeared in the roll call: Bego Antón, Patricia Bofill, Irene Cruz, María José García Piaggio, Elisa González Miralles, Mara León, Mar Martín, Marta Martínez Corada, María Moldes, Bernardita Morello, Antonia Moreno, Miren Pastor, and Mar Sáez.

The above lists do not pretend to be exhaustive as, obviously, dozens of outstanding auteurs from the current scene are missing. They even lack names of artists whom I admire and are close to me personally — I know they will be able to forgive me. It simply seemed useful to me to highlight some recent curatorial work and publishing projects that have promoted and made visible the creation of the democratic generation under discussion, in order to demonstrate its extraordinary diversity and richness.

We still haven't inquired about the distinguishing features of this generation — if indeed there are any. In fact, it is barely possible to discern any formal, conceptual, or esthetic trends that definitively bind together its representatives, but there are certain common identitary traits that we can try to understand in their educational, economic, and systemic context. Those of us who were born in the Spain of the late seventies and eighties, in the Spain that was going to be unrecognizable to even "the mother who gave birth to it" — in the euphoric words of Alfonso Guerra when the Spanish Socialist Workers' Party (PSOE) won the general elections for the first time — are united by one essential circumstance: we had free access to higher education, and we could climb the social ladder constructed by the efforts of our parents (although we have later become the first generation to live worse than our progenitors in financial terms). Those of us who entered the faculties of Art History, Fine Arts, Audiovisual Communications, and other humanistic subjects were set apart by the fact that we probably did so under the (maybe condescending) auspices of our parents, prompted by the cultural stimulus they had given us — albeit with the forewarning: "Wouldn't you prefer to study something useful?... Law, Architecture, Business?"

We are the generation that, in a favorable economic climate that seemed to guarantee access to qualified employment via a university, opted for something *useless*. The privilege of devoting years of training to a vocation — even in a field as complex as the cultural sector — was decisive. This all-out vocationalism defined our endeavors, but it proved to be a double-edged sword. It ended up crystalizing into the enthusiasm pinpointed with unmatched lucidity by Remedios Zafra in her essay *El entusiasmo: Precariedad y trabajo creativo en la era digital*. These creators started to penetrate the artistic system at an early stage in their careers and found opportunities of some substance — only to be hit by the Spanish economic crisis of 2008–2014,

de la Kursala, sería nuestro único pasaporte para entrar en el sistema del arte actual español, para llegar a una audiencia avanzada». Y así fue. Muchos de los *Cuadernos* publicados se convirtieron en objetos de colección y pasaron a formar parte del Centro de Documentación del Museo Nacional Reina Sofía.

Como mencionaba, Micó presentó en su *[Un cierto panorama]* muchos de los nombres que habían visto la luz gracias a la convocatoria de *Los Cuadernos*, además de ofrecer una propuesta mucho más equilibrada desde una perspectiva de género, ya que, aunque no lo haya sacado a colación hasta ahora, una de las cuestiones más espinosas de la política fotográfica reciente es haber obviado insistentemente a las muchas creadoras de mi generación que se desempeñan con excelencia desde hace por lo menos dos décadas, sin recibir la misma atención por parte de las instituciones y las industrias culturales que sus compañeros. Citaré, por tanto, los nombres femeninos que constaban en el elenco: Bego Antón, Patricia Bofill, Irene Cruz, María José García Piaggio, Elisa González Miralles, Mara León, Mar Martín, Marta Martínez Corada, María Moldes, Bernardita Morello, Antonia Moreno, Miren Pastor o Mar Sáez.

Las enumeraciones que preceden no son ni mucho menos exhaustivas; por supuesto, faltan decenas de autores y autoras destacados/as del panorama actual. Faltan incluso nombres de artistas cercanos/as a quienes admiro y que sabrán perdonarme. Simplemente me pareció útil citar algunos proyectos curatoriales y editoriales recientes que han impulsado y visibilizado la creación de la generación democrática de la que venimos hablando, para dar cuenta al lector de la extraordinaria diversidad y riqueza de la misma.

Hasta ahora, no hemos hablado de cuáles podrían ser los rasgos característicos de esta generación, si es que los hubiere. La respuesta es que apenas pueden discernirse tendencias formales, conceptuales o estéticas que aglutinen a sus representantes de manera definitoria, pero sí existen ciertas líneas identitarias comunes que podemos tratar de comprender a partir de su contexto formativo, económico o sistémico. A los que nacimos en la España de finales de los años 70 y 80 del siglo pasado, aquella España que no iba a reconocer «ni la madre que la parió» —palabras eufóricas pronunciadas por Alfonso Guerra cuando el Partido Socialista Obrero Español ganó por primera vez las elecciones generales—, nos une una cuestión esencial: pudimos acceder en libertad a estudios superiores; subirnos al ascensor social propiciado por el esfuerzo de nuestros padres (pese a que luego hemos sido la primera generación que en términos económicos vive peor que ellos). La particularidad de quienes ingresamos en las facultades de Historia del Arte, Bellas Artes, Comunicación Audiovisual u otras carreras humanísticas es que probablemente lo hicimos bajo el amparo, tal vez condescendiente, de nuestros progenitores y del estímulo cultural que nos habían proporcionado, pero con una advertencia preliminar: «¿No prefieres estudiar algo útil?... ¿Derecho, Arquitectura, Empresariales?».

Somos la generación de aquellos quienes, en un contexto económico favorecedor, que parecía garantizar el acceso —vía Universidad— al empleo cualificado, optamos por *lo inútil*. El privilegio de dedicar los años de formación a lo

which drastically reduced the financial value of their work. This systemic impoverishment was further aggravated by the fact that none of our generation's creators or movers and shakers in the art world stopped working, despite the plummeting levels of funding and investment and the absence of any legal framework for patronage. They resorted to ever more precarious models of self-financing, and in many cases they even worked for nothing to avoid losing opportunities or visibility.

In the case of photographers, the economic crisis was compounded by another deep crisis within the very profession of photography itself, which was threatened with extinction as a result of its digital transformation. When the photographers of the democratic generation began their training, they were working in analog: there were still dark rooms, color labs, press and photo agencies, publishers, magazines and newspapers that published photos and photostories, and even photography studios on the street that offered customers a face-to-face service. There were also galleries with clients who were collectors with a certain degree of solvency that enabled photographers to sell their works with a certain frequency and thus earn money from their creative output.

During their training process, however, these photographers had to adapt to digital technology and thus developed something of a transference relationship with the new medium (in the sense that many of them adapted traditional analogical notions such as light, shade, composition, etc. to a technology obviously capable of transcending them; others maintained their analogical praxis but still had to learn how to digitize negatives and use tools for digital postproduction and printing).

By the time they finished their training, everything had changed: no dark rooms, no labs, no studios on the street, no agencies, no magazines, barely any collectors (generally young professionals whose own purchasing power had been undermined by the crisis), and barely any work, not even in the sector disparagingly dismissed as BBC (*Bodas* [weddings], *Bautizos* [baptisms], *Comuniones* [communions]), which had also succumbed to the accessibility of digital photography.

This may seem all doom and gloom but now comes the positive side of the double-edged sword of our enthusiasm: the adaptability and entrepreneurial capacities that enabled us, against all the odds, to continue nurturing Spain's cultural life and continue representing, right up to today, a vision crucial to any understanding of the country, both within and beyond its borders. And enabled us to even continue *making a living from it*, somehow or other, although I would say just to continue *living*, period. We are a hugely creative, connected, and dynamic generation. The work shown in this book and the names listed above demonstrate all the recalcitrance of the cultural act. The culture generation is unstoppable and inescapable, it will always be fundamental and it will always spring up, just as Nature sprung up in the cracks between paving stones during the pandemic.

What were the democratic generation's weapons of resistance against the dissolution of the previous

vocacional, pese a que nuestras vocaciones se volcasen en un sector tan complejo como el cultural, fue definitorio. Esa vocación a ultranza ha definido nuestro desempeño, pero ha supuesto un arma de doble filo. Por un lado, ha terminado cristalizando en lo que Remedios Zafra definió con una lucidez incuestionable en su ensayo *El entusiasmo. Precariedad y trabajo creativo en la era digital*. Cuando los creadores iniciaron sus carreras, empezaron a ingresar en el sistema artístico y tener oportunidades de cierta relevancia, llegó la gran crisis económica española (2008-2014), con el resultado de la drástica devaluación monetaria de su trabajo; una depauperación del sistema que se agravó porque ningún creador, ningún agente del arte de nuestra generación dejó de trabajar pese a la reducción de fondos y de inversión, pese a la inexistencia de marcos jurídicos para el mecenazgo, recurriendo a modelos de autofinanciación cada vez más precarios, incluso trabajando gratis en muchos casos para no perder oportunidades o visibilidad.

En el caso de los fotógrafos y las fotógrafas, a la crisis económica se sumó otra crisis profunda: la del oficio fotográfico, que pasó a situarse en peligro de extinción a consecuencia de su transformación digital. Cuando los fotógrafos de la generación democrática iniciaron su formación, trabajaban en analógico: todavía existían los cuartos oscuros, los laboratorios de color, las agencias de prensa y de fotografía, las editoriales, revistas y periódicos que publicaban fotos y fotorreportajes, incluso los estudios de fotografía a pie de calle para poder ofrecer servicios directos al cliente. Había también galerías a las que dirigirse con carteras más o menos solventes de coleccionistas de fotografía que permitían a los creadores vender su obra con cierta frecuencia y tener una fuente de ingresos ligada a su trabajo creativo.

Durante su formación, los fotógrafos y las fotógrafas tuvieron que adaptarse a la nueva tecnología digital, generando así una relación un poco transferencial con el nuevo medio (en el sentido de que muchos creadores adaptaban las nociones analógicas tradicionales como luz, sombra, composición, etc. a una tecnología evidentemente capaz de trascenderlas; otros conservaron su praxis analógica, pero teniendo en cualquier caso que aprender a digitalizar los negativos y emplear herramientas de posproducción e impresión digital).

Al terminar su período formativo, ya nada era igual. Ni cuartos oscuros, ni laboratorios, ni estudios a pie de calle, ni agencias, ni revistas, ni apenas coleccionistas (los coleccionistas de fotografía en la España del milenio eran por lo general jóvenes profesionales con un poder adquisitivo que también se vio mermado por la crisis), ni apenas trabajo, ni siquiera en lo denostadamente denominado *BBC* (bodas, bautizos y comuniones, también entregadas a la accesibilidad digital).

Parece que expongo un mal panorama, pero aquí viene el lado positivo del arma de doble filo que supuso nuestro entusiasmo: la adaptabilidad y la capacidad de emprendimiento que nos permitió, contra viento y marea, seguir alimentando la vida cultural de nuestro país y seguir representando una visión imprescindible para poder comprenderlo a día de hoy, dentro y fuera de nuestras fronteras. Incluso logrando *vivir de ello*, mal que bien, aunque yo diría *vivir*, a secas. Somos una generación enormemente

professional structures? There were three, in my opinion: collectivization, internationalization, and narrative reconversion.

In the first instance, I mean not only collectives and cooperatives — the private photography schools, publishing houses, and self-managed festivals that emerged in the early years of the twenty-first century — but also the creation of a veritable cultural network of alliances, influences, and references that exploded with the so-called *phenomenon of the Spanish photobook*. Cristina de Middel recalls: "In the end, all those group outings to festivals were bearing fruit, and for a few years it almost became a tradition that there would be Spanish work among the finalists in Paris and New York. *The British Journal of Photography*, the oldest photography magazine in the world, even went as far as calling us 'The Invincible Armada'. I don't know whether that was to wish us luck from England or to use an amusing name that stirred up good memories for them. Ever since then, the presence of Spanish photographers and analysts in magazines of reference have become commonplace."

This phenomenon, driven by major figures such as the aforementioned Jesús Micó, as well as Horacio Fernández, an internationally recognized historian of photobooks, and independent publishers of our generation such as Juan Valbuena (Phree) and Sonia Berger (Dalpine), can also be explained by two more prosaic matters. Given the lack of job prospects faced by the newly graduated members of my generation, the possibilities for financing their creative projects were whittled down to two paths: competitions (national and international, public and private) for prizes, subsidies, grants, and support for the production, dissemination, or promotion of their projects; and self-financing (very common in the publishing of photobooks). However, the *self-* part has almost never referred to one person's pocket: crowdfunding has been one of the star turns of the last few years. In other words, the network has itself ensured the existence of a creative scene by drawing on its own flexibility and imagination to obtain the necessary financial backing. Well before the boom in start-ups, creators and cultural intermediaries became digital entrepreneurs, with pretty good results, all things considered.

Internationalization is another phenomenon essential to any understanding of the creative outreach of this generation of enthusiasts. This book is itself proof of that. Those of us who were born after 1975 are the cohort of the Erasmus program (and Fulbright scholarships when things went really well), of Interrail and cheap flights that allowed us to travel to the cultural epicenters of our era: fairs, festivals, international meetings, etc. But we are also, above all, the cohort of online browsing (especially when the crisis was at its height — not to mention the pandemic) in search of references, opportunities, and the big wide world. Contemporary Spanish creation has ceased to be quintessentially Spanish by offering less exoticized narratives that cross borders.

And it is precisely through narrative that Spanish photographers have succeeded in contributing lasting, relevant and significant work, despite turning their backs on the big subjects tackled by previous generations, and despite dodging the decisive moment. They have all turned their

creativa, conectada y vital. Los trabajos reflejados en este libro, los nombres citados anteriormente son el ejemplo de hasta qué punto el hecho cultural es recalcitrante. La generación de cultura es imparable e ineludible; siempre será fundamental y brotará, como la naturaleza brotó en los intersticios de los adoquines durante la pandemia.

¿Cuáles fueron las armas de resistencia de la generación democrática frente a la disolución de las estructuras profesionales conocidas anteriormente? En mi opinión, fueron tres: la colectivización, la internacionalización, y la reconversión narrativa.

En el primer supuesto, hablamos no solo de colectivos y cooperativas —escuelas privadas de creación fotográfica, editoriales o festivales autogestionados que se instauraron a partir de los primeros lustros del siglo XXI—, sino también de la creación de una verdadera red cultural de alianzas, influencias y referencias que explosionó con el llamado *fenómeno del fotolibro español*. Cristina de Middel lo cuenta en primera persona: «Al final, todas esas excursiones a los festivales en manada estaban dando sus frutos y durante unos años se volvió casi tradición que hubiese algún trabajo español entre los finalistas en las pasarelas de París y Nueva York. El *British Journal of Photography*, la publicación de fotografía más antigua del mundo, nos llegó a llamar "la Armada Invencible", no sé si deseándonos lo mejor desde Inglaterra o usando un nombre gracioso que les trajese buenos recuerdos. Desde entonces, la presencia de fotógrafos españoles y las voces de los analistas en revistas de referencia se han convertido en algo común».

Dicho fenómeno, impulsado por figuras relevantes como la de Jesús Micó, a quien hemos citado ya, también Horacio Fernández, historiador de los libros foto-ilustrados consagrado en el ámbito internacional, o editores independientes de nuestra propia generación como Juan Valbuena (editorial Phree) o Sonia Berger (Dalpine), también tiene mucho que ver con dos cuestiones más prosaicas: ante la falta de perspectivas laborales de los recién egresados de mi generación, las posibilidades de financiación de sus proyectos creativos se reducían a dos vías: las convocatorias (nacionales o internacionales, públicas o privadas) de premios, ayudas, becas y apoyos a la producción, divulgación o promoción de sus proyectos; y, por otro lado, la autofinanciación (algo muy frecuente en el ámbito editorial del fotolibro). Pero ese prefijo *auto-* casi nunca se ha referido al bolsillo de una sola persona: el *crowdfunding* ha sido una de los métodos estrella de los últimos lustros. En otras palabras, la propia red ha propiciado que exista un panorama creativo, y para ello ha tenido que tirar de su propia flexibilidad y creatividad para procurarse los recursos financieros necesarios. Antes del auge de las *start-ups*, los creadores y mediadores culturales hemos sido emprendedores digitales con resultados bastante razonables, dadas las circunstancias.

La internacionalización es otro fenómeno esencial para comprender el alcance creativo de esta generación entusiasta. Este mismo libro es prueba de ello. Los nacidos a partir de 1975 hemos sido la hornada de las becas Erasmus (Fulbright cuando la cosa se daba realmente bien), del *Interrail* y de los vuelos económicos que nos han permitido desplazarnos a los epicentros culturales de nuestra era: ferias, festivales,

gaze on the poetry of the everyday, the close at hand, from a deeply humanistic viewpoint, even when no human beings appear in their photos. Spanish photography has moved on from the phase of the Great Photo (a single image seeking to provoke an immediate impact or shock) to the story, the project, the sequence, the visual narrative. Among them, these auteurs have created, via a free, integrated, and unprejudiced subjectivity, a veritable neo-documentary (ergo, fictional) repository that speaks about us, about them, about things that matter.

There are four great narrative pivots of visual creation (of artistic creation in general, I would venture to say): the self, the other, space, and time. The self embraces topics such as identity, gender, transmutation, spirituality, positioning. The other refers to matters such as bonding, systems, power, denunciation, and absence. Space alludes to territory, frontiers, structures, landscape, atmosphere… And time leads us to the representation of memory, legacies, evolution, history, and the future. Projects usually combine several of these concerns, without covering all of them, but they always appeal to what we need to tell and what they tell us to give us meaning, beyond individuality.

To finish off my rendering of a profile that unites this first democratic generation of Spanish photography, I must also turn to the popular culture in which we have grown up, as it has had an influence that is not always admitted but is always relevant in art, particularly visual art, which is always indebted to the collective imagination of its context. It is difficult to define in a few words, but perhaps I can point to the boom on digital platforms in nostalgic content related to our childhood and youth, because, whether we like it or not, we are also the generation of television…

From *La bola de cristal* to *Northern Exposure*; from MTV videoclips to the death of Kurt Cobain; from the films of Spielberg, Scott, Scorsese, Coppola, Bertolucci, Almodóvar, and Lynch to the first blogs and social networks like Myspace and Flickr; from top models to the first series with queer content; from the '82 World Cup to Iniesta's goal; from the Olympic Games in Barcelona and the Expo in Seville in 1992 to the bursting of the housing bubble; from El Bulli to *Masterchef*, from the terror of ETA to the attacks of March 11, 2004; from *Locomía* to Rosalía… Who are we? What images represent us? What does Spain mean? What is photography at this moment in time? Our generation provides as many answers as it does auteurs. It is worth losing yourself in it.

citas internacionales, etc. Pero también y sobre todo (especialmente cuando la crisis ha arreciado más duramente, por no hablar de la pandemia) de la navegación en Internet en busca de referencias, mundo y oportunidades. La creación contemporánea española ha dejado de ser, en esencia, española, para ofrecer narrativas más transfronterizas, menos exotizadas.

Y es precisamente en las narrativas donde las fotógrafas y fotógrafos españoles han logrado aportar trabajos relevantes, perdurables y significativos, pese a huir de los grandes temas asentados por las generaciones anteriores, pese a esquivar el instante decisivo. Todos ellos han orientado su mirada a la poética de lo cotidiano, de lo cercano, desde una perspectiva profundamente humanista, incluso cuando no aparecen seres humanos en sus fotos. La fotografía española ha pasado de la fase del *fotón* (esa imagen única que busca el impacto o la conmoción inmediatos) al relato, al proyecto, a la secuencia, a la narrativa visual. Desde una subjetividad asumida, libre y desprejuiciada, han creado entre todos y todas un verdadero acervo neo-documental (ergo, ficcional) que habla de nosotros, de ellos, de cuanto importa.

Los grandes pivotes narrativos de la creación visual (me atrevería a decir que de la creación artística en general) son cuatro: el yo, el otro, el espacio y el tiempo. El yo incluye cuestiones como la identidad, el género, la transmutación, la espiritualidad, el posicionamiento… El otro se refiere a temas como el vínculo, los sistemas, el poder, la denuncia o la ausencia. El espacio alude al territorio, las fronteras, las estructuras, el paisaje, la atmósfera… Y el tiempo nos conduce a la representación de la memoria, el legado, la evolución, la historia o el devenir. No están todos los asuntos, y generalmente los proyectos hibridan varios de ellos. Pero siempre apelan a lo que necesitamos contar y que nos cuenten para darnos sentido, más allá de la individualidad.

Para terminar de dibujar un perfil común de esta primera generación democrática de la fotografía española, debo apelar también a la cultura popular en la que hemos crecido, pues tiene un influjo no siempre confesado, pero siempre relevante en el arte y particularmente en el arte visual, siempre deudor del imaginario contextual. Es difícil de definir en pocas palabras, pero tal vez sea ilustrativo servirme del auge en las plataformas digitales de contenidos nostálgicos que tanto tienen que ver con nuestra infancia y juventud, porque también somos, nos guste o no, la generación de la televisión…

Desde *La bola de cristal* hasta *Doctor en Alaska*; de los videoclips de la *MTV* a la muerte de Kurt Cobain; de las películas de Spielberg, Scott, Scorsese, Coppola, Bertolucci, Almodóvar o Lynch a los primeros *blogs* o redes sociales como Myspace o Flickr; de las *top models* a las primeras series de temática *queer*; del Mundial del 82 al gol de Iniesta; de los Juegos Olímpicos de Barcelona o la Exposición Universal de Sevilla hablar 1992 al estallido de la burbuja del ladrillo; de El Bulli a *Masterchef*, del terror de ETA a los atentados del 11 de marzo de 2004; de la *Locomía* a Rosalía… ¿Quiénes somos? ¿Qué imágenes nos representan? ¿Qué significa España? ¿Qué es, a día de hoy, la fotografía? Nuestra generación ofrece tantas respuestas como autores. Merece la pena perderse en ello.

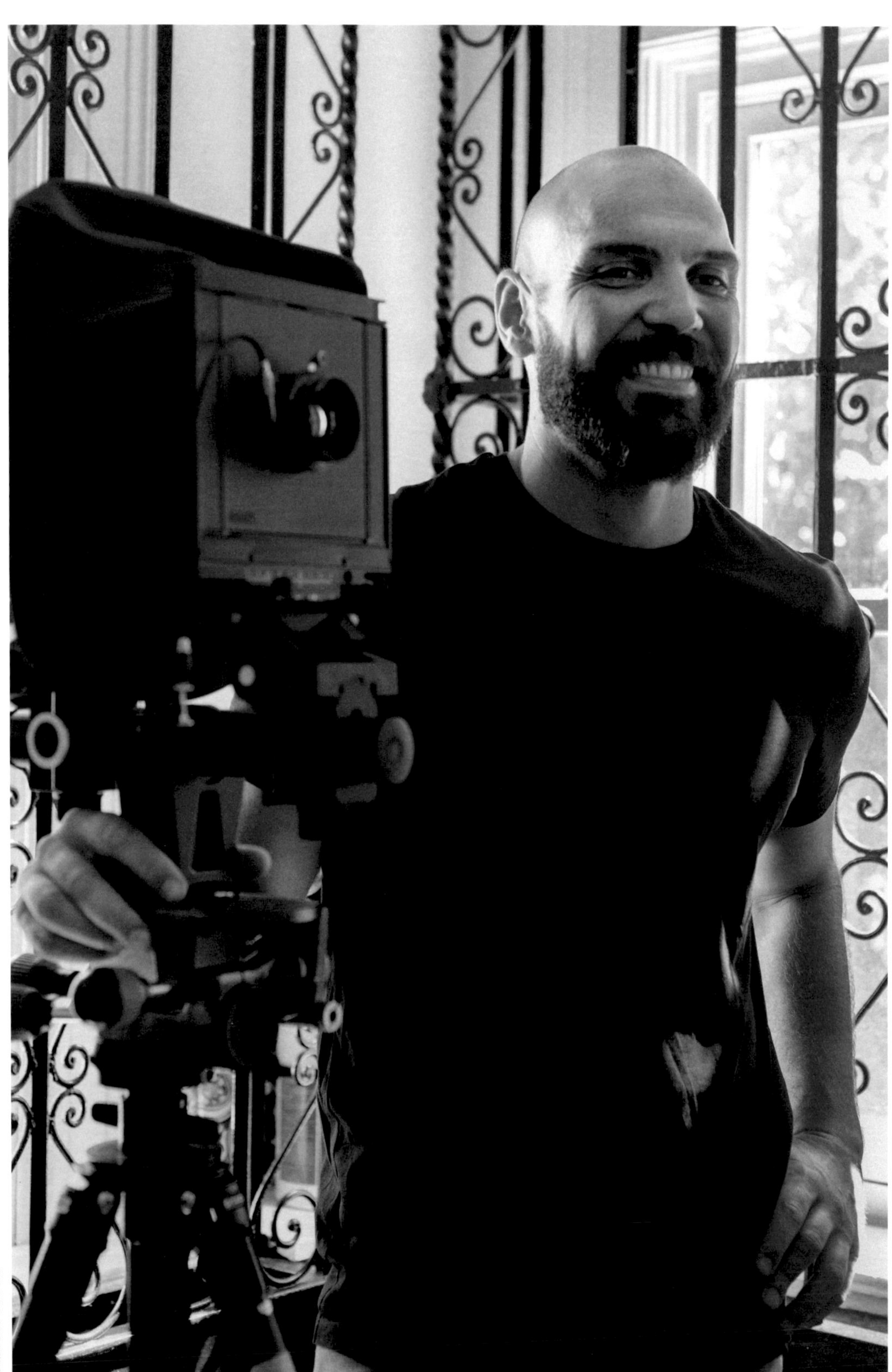

Danielle Towers

Florida Avenue

This is the first project undertaken by Juan Baraja in the United States. By recording the distinguishing traits of the central thoroughfare in Washington, D.C., he reflects the city's identity via its main avenue. Along the lines of a synecdoche, this project displays all the heterogeneity and effervescence of an entire country without straying from Florida Avenue (barely three miles long).

These images reflect the ceaseless metamorphosis of the urban fabric and the Cartesian regularity of the layout of the American capital, as well as the identity of the people who bring it to life. The various portraits play an important role in the project, bearing witness to a living metropolis. Juan Baraja approaches the subjects who inhabit Washington, D.C. with the same pristine gaze he casts on its buildings and monuments, its shopkeepers behind their stalls in Union Market, young people embarking on a night of partying at the southeastern limits, and couples looking after their cozy homes in the avenue's residential section.

Florida Avenue stands as a visual story in which Juan Baraja shares his personal view of the American capital through the prism of photographic narrative.

Florida Avenue

Este proyecto es el primero que Juan Baraja realiza en Estados Unidos. Registrando las singularidades de la arteria central de Washington D. C., el artista recoge la identidad de la ciudad a través de su principal avenida. A modo de sinécdoque, este proyecto muestra la heterogeneidad y la efervescencia de todo un país sin abandonar las escasas tres millas por las que se extiende la avenida Florida.

Estas imágenes reflejan la incesante metamorfosis del tejido urbano y la regularidad cartesiana del trazado de la capital estadounidense, pero también la identidad de quienes dan vida a la ciudad. Con un importante peso en el proyecto, los distintos retratos son testimonio de una urbe viva. Juan Baraja aborda a los sujetos que pueblan Washington D. C. con la misma mirada prístina que emplea al recoger sus edificios y monumentos, fotografiando a tenderos tras sus mostradores en Union Market, a jóvenes que comienzan en el extremo sureste una noche de fiesta o a parejas que atienden sus coquetas viviendas unifamiliares en el tramo residencial de la avenida.

Florida Avenue se conforma como un relato visual a través del cual Juan Baraja comparte su particular mirada sobre la capital estadounidense desde la narración fotográfica.

JUAN BARAJA

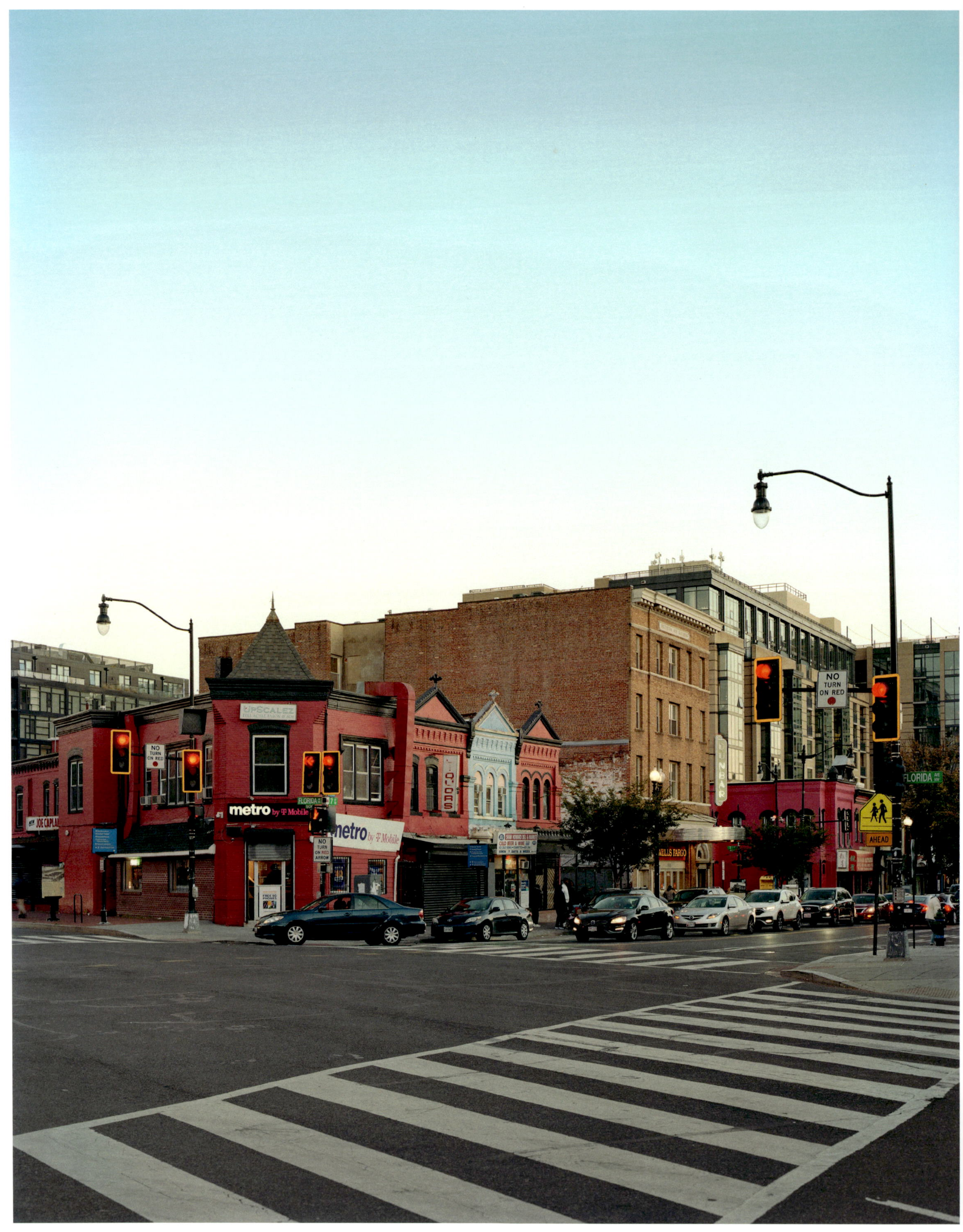

LIPSCALEZ
metro by T Mobile
metro by T Mobile
NO TURN ON RED
NO TURN ON RED ARROW
FLORIDA
FREE 4G PHONES
JOE CAPLAN
OLCRS
COLD BEER & WINE
WELLS FARGO
DUNBAR
FLORIDA AVE
AHEAD

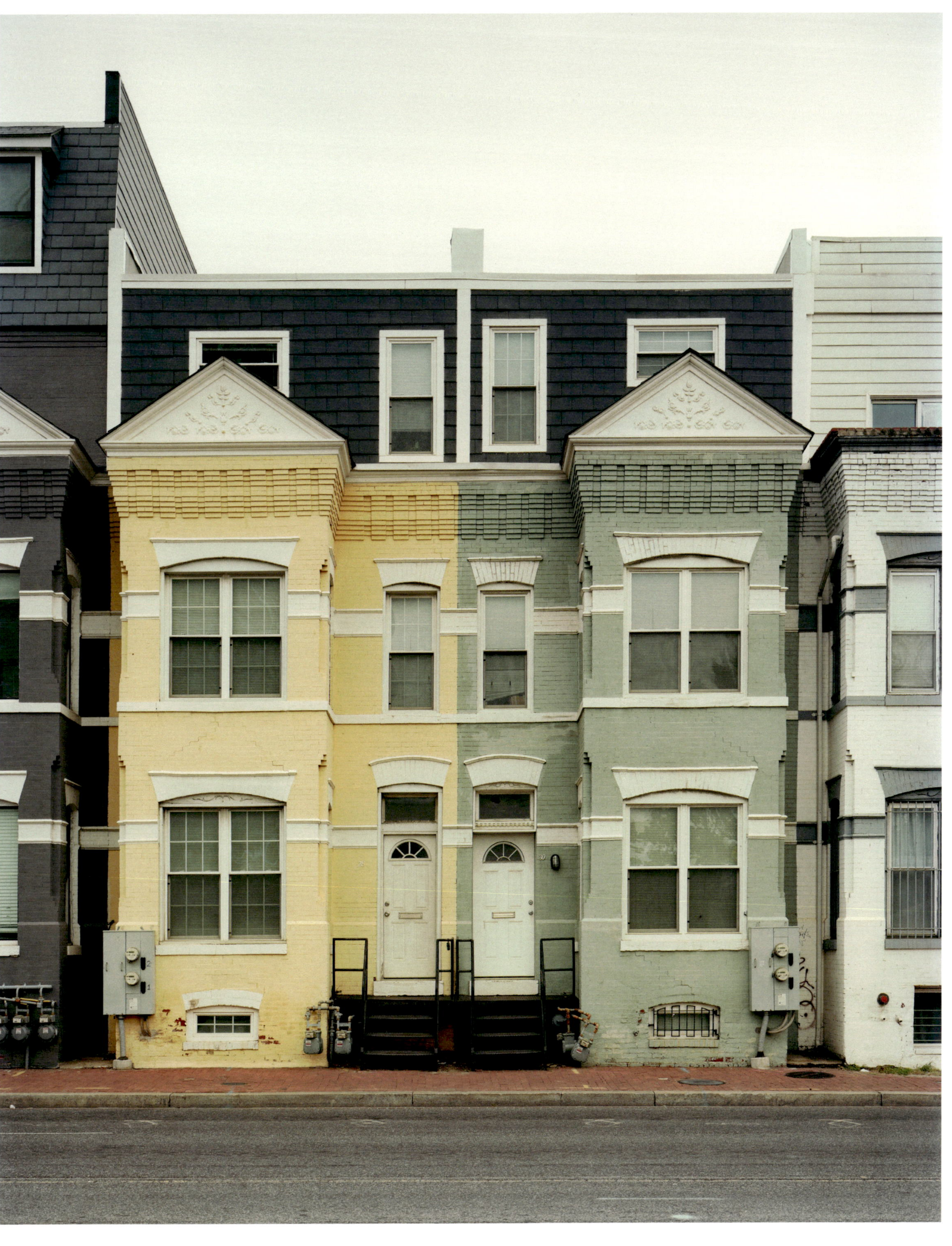

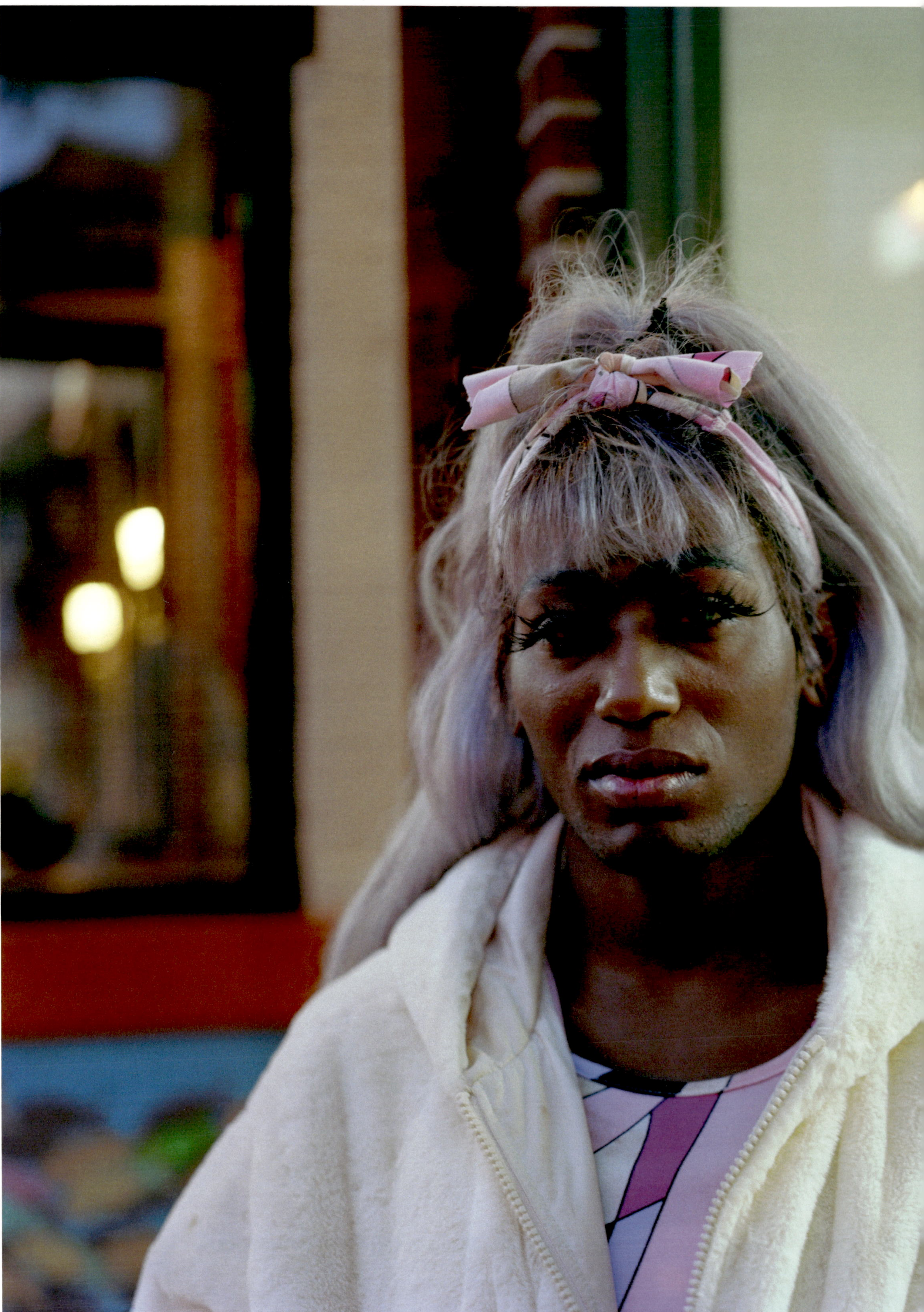

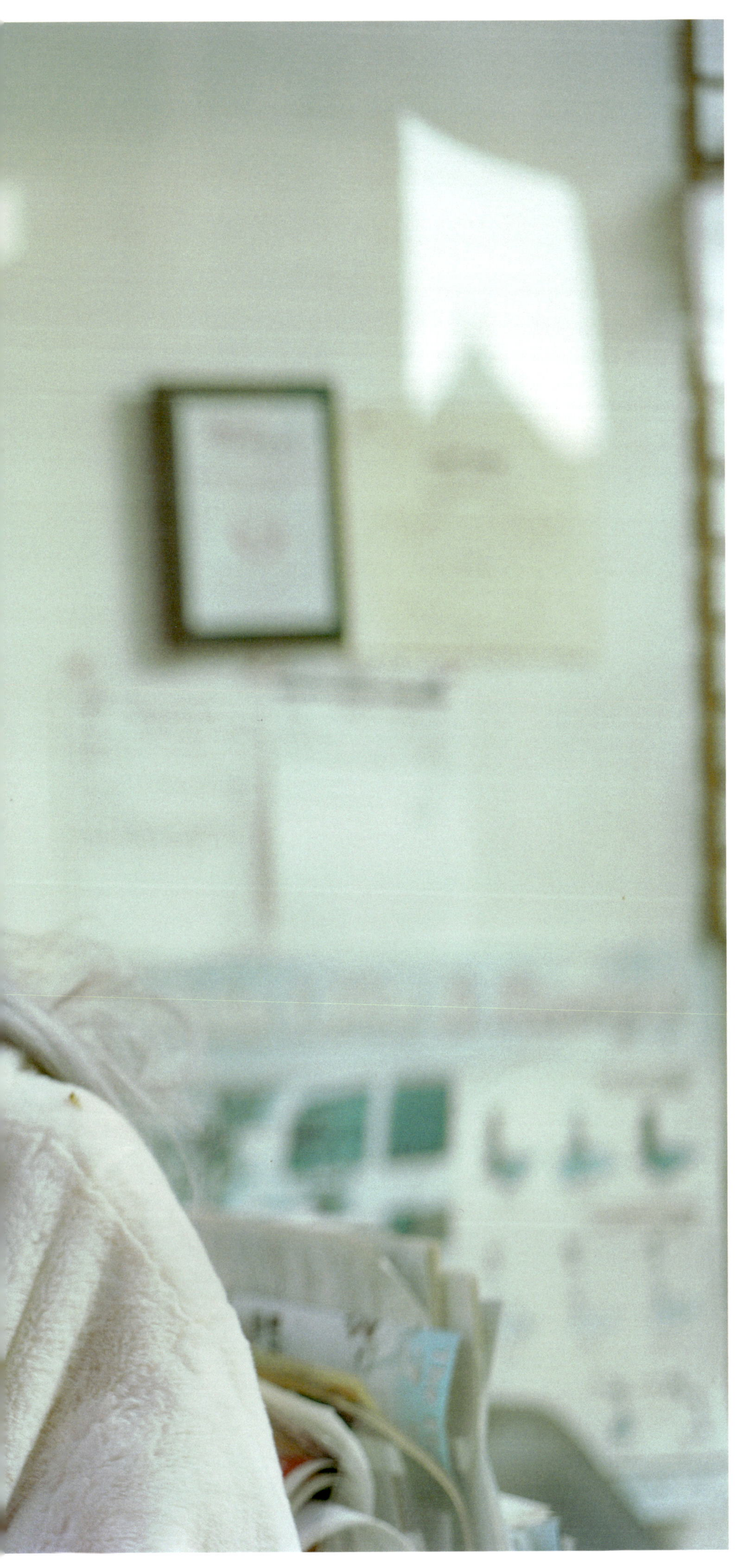

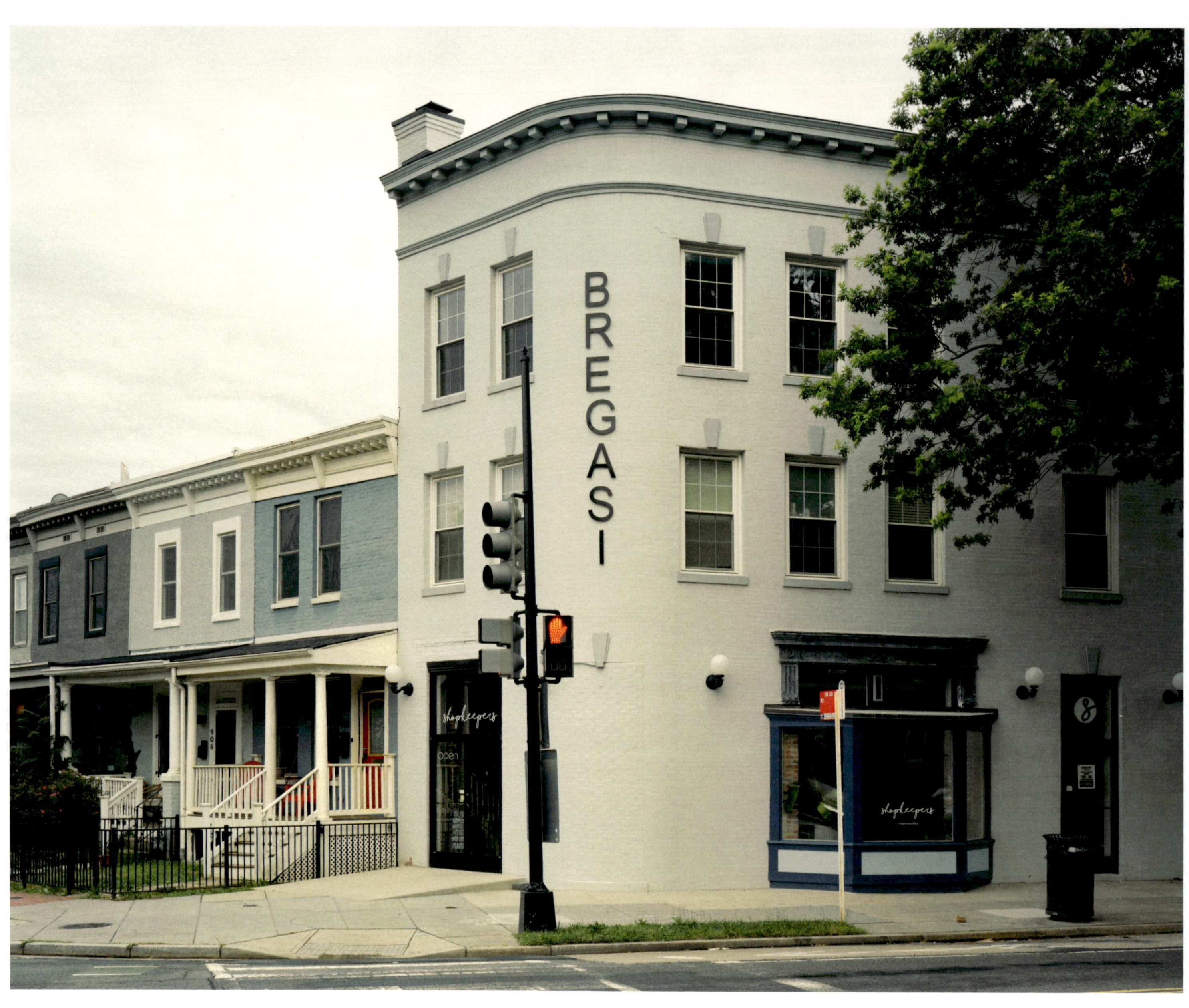

BREGASI
shopkeepers
open
shopkeepers

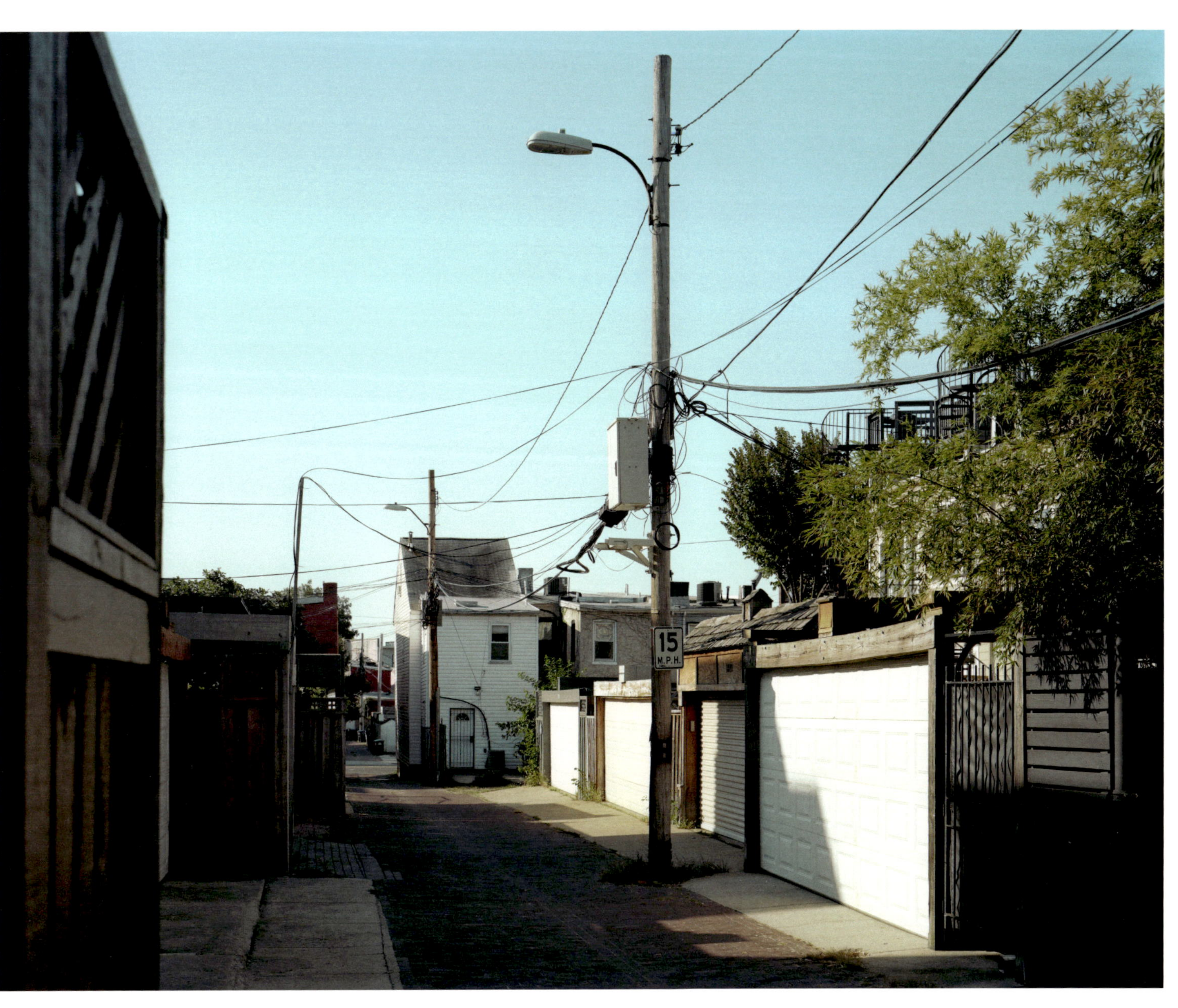

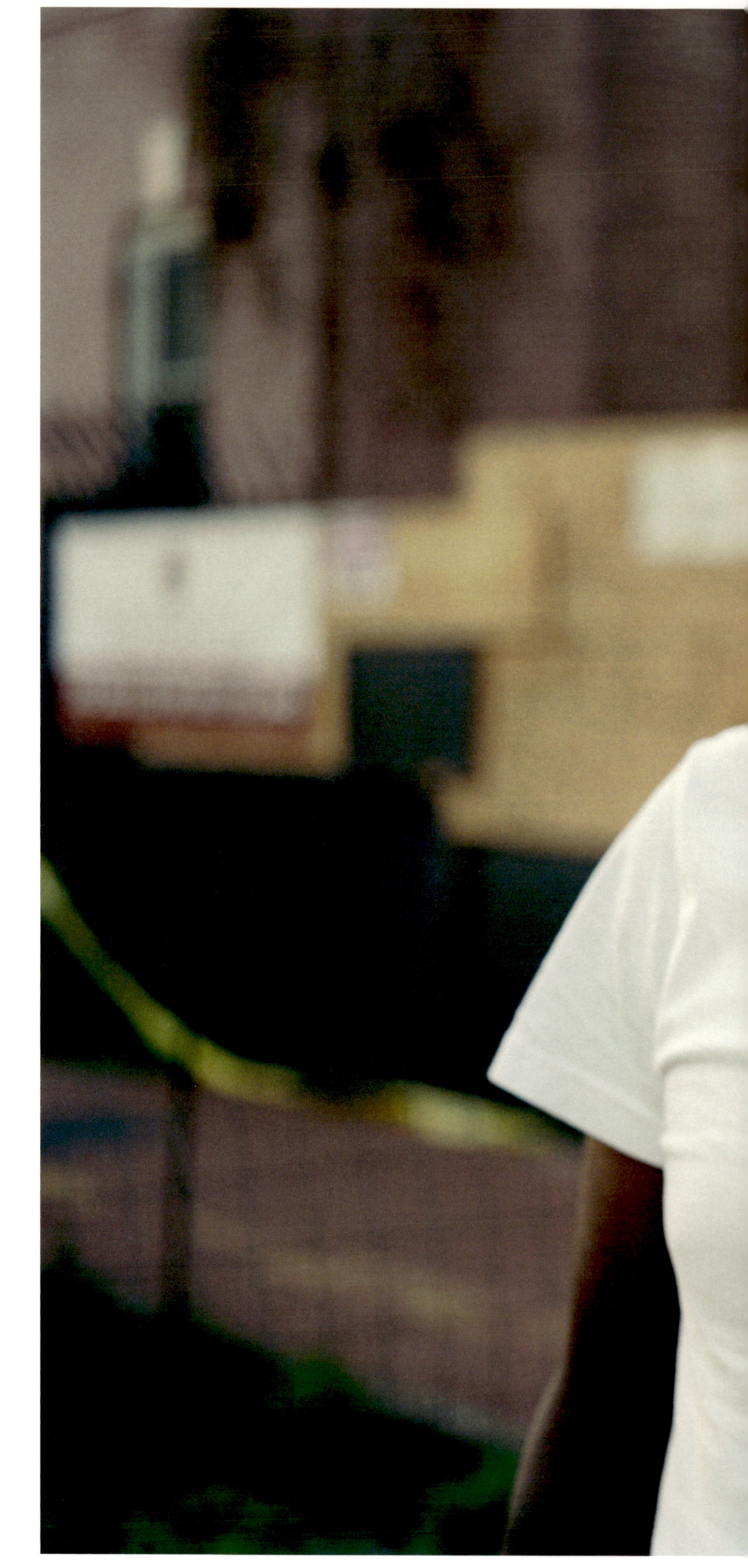

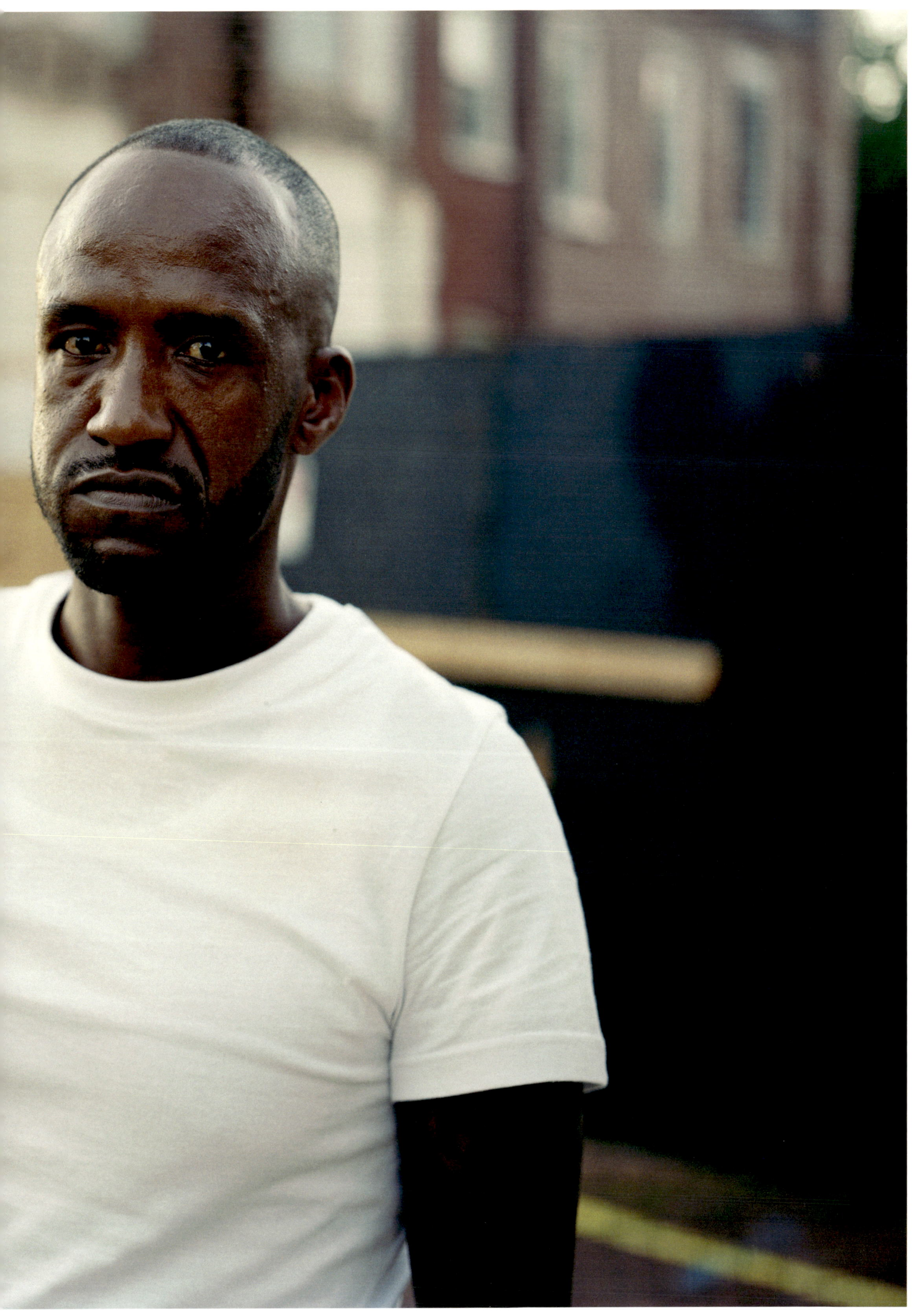

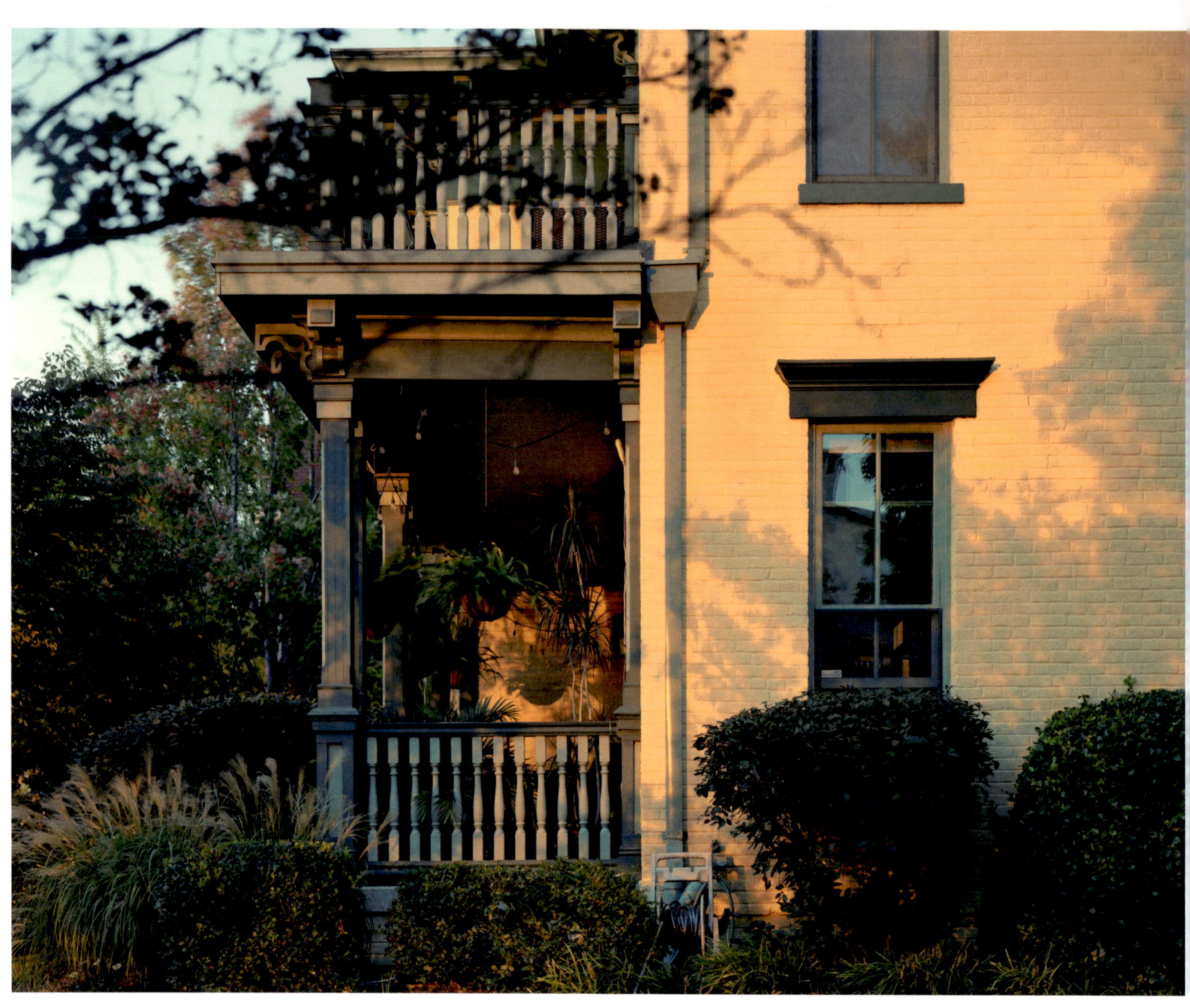

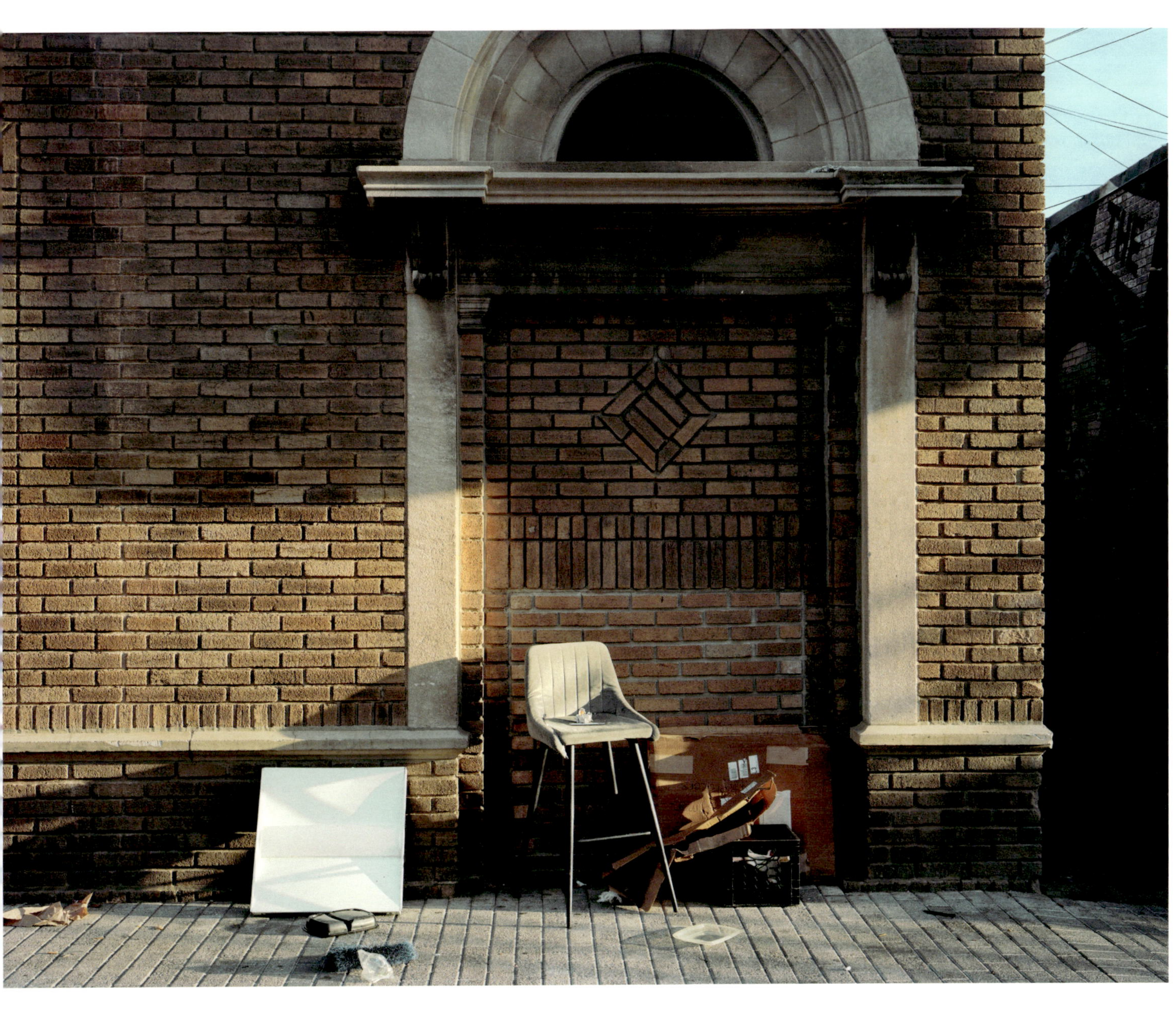

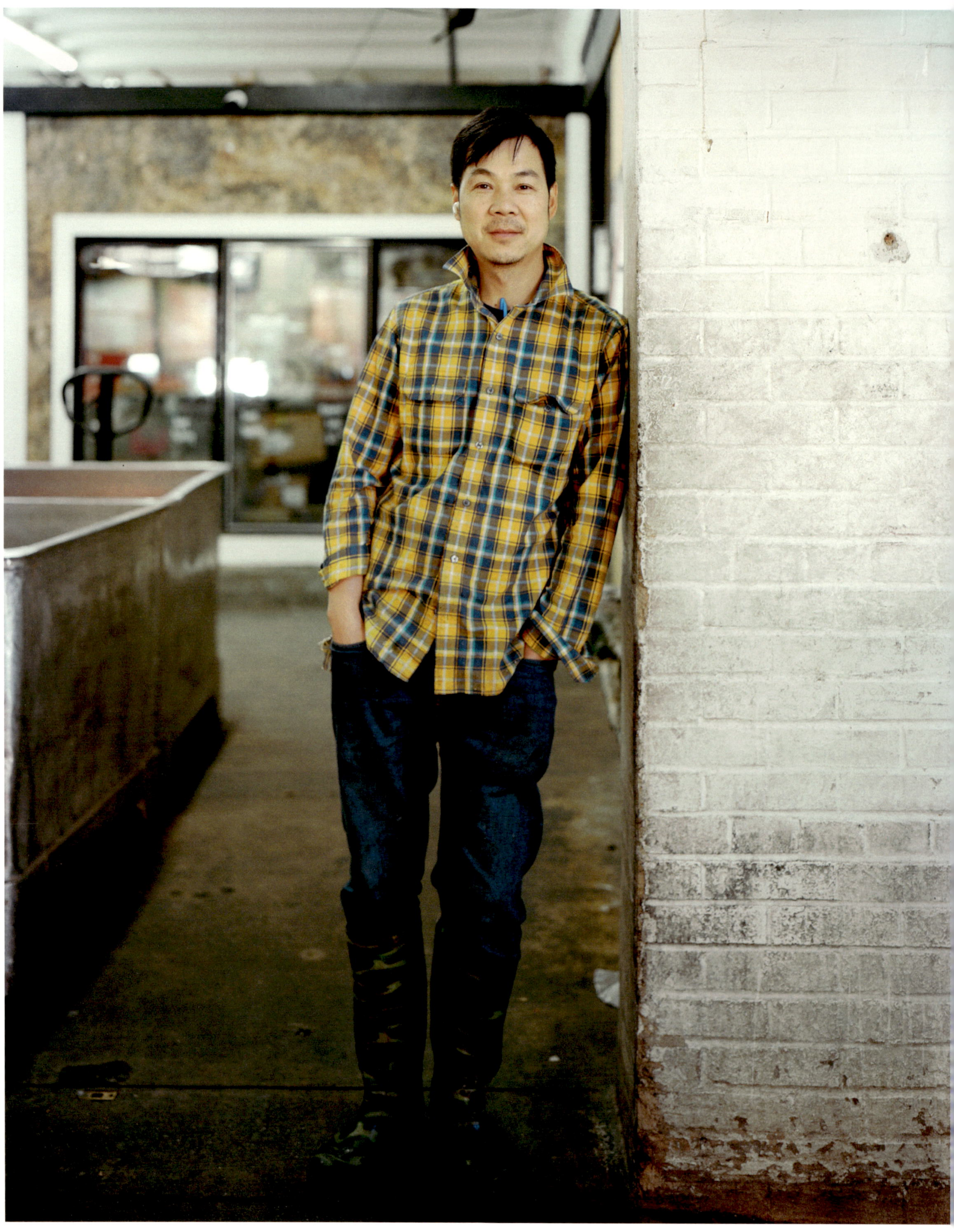

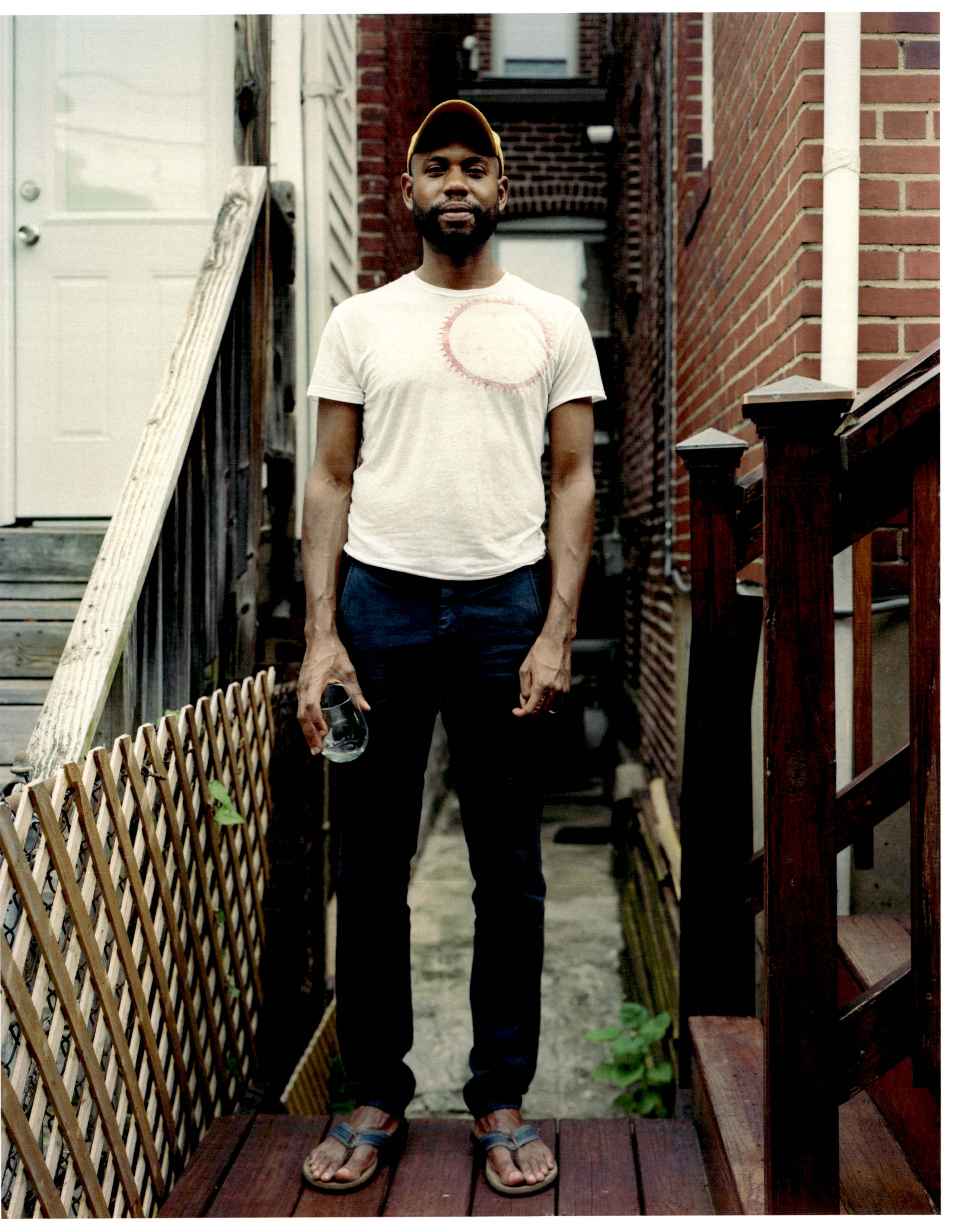

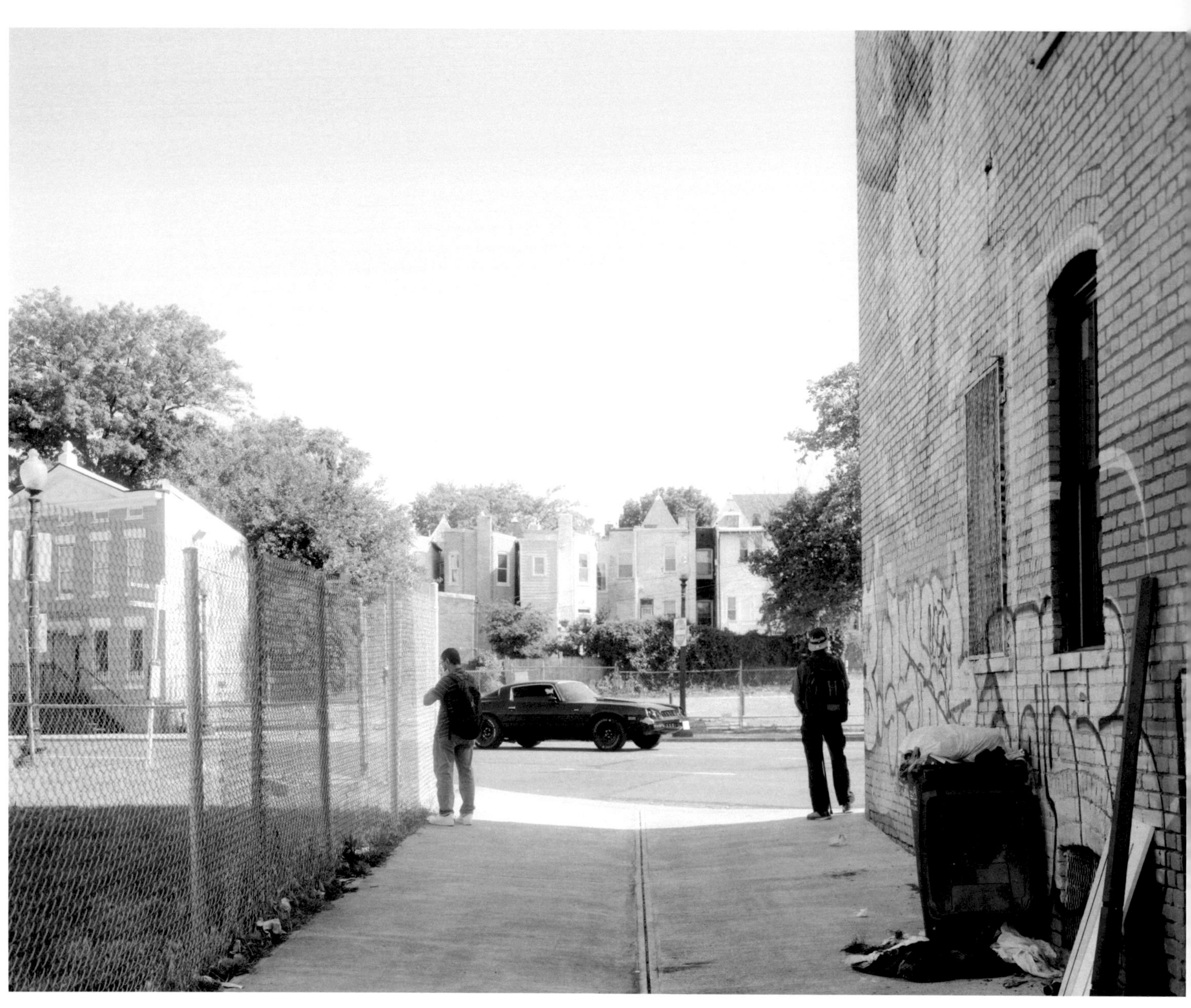

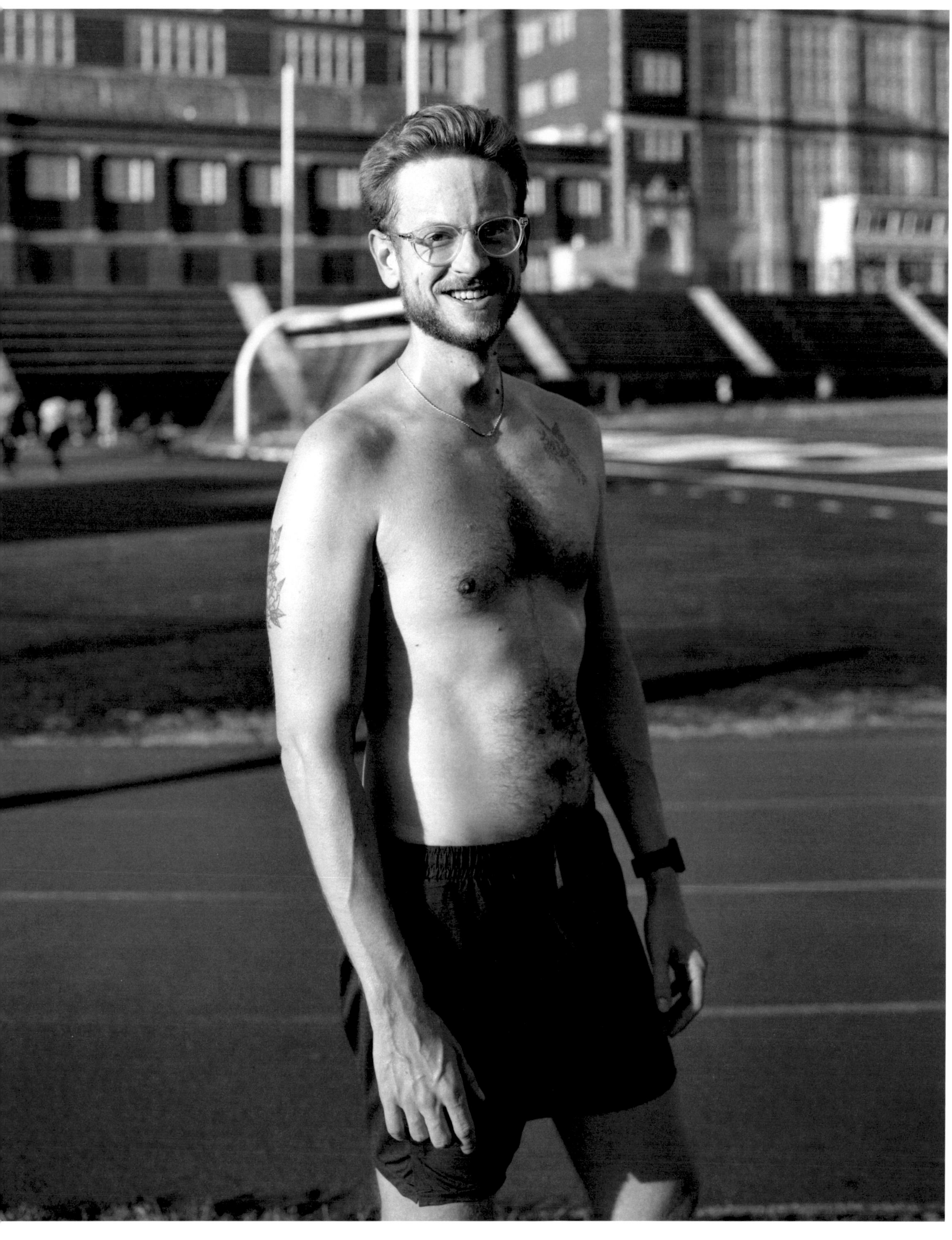

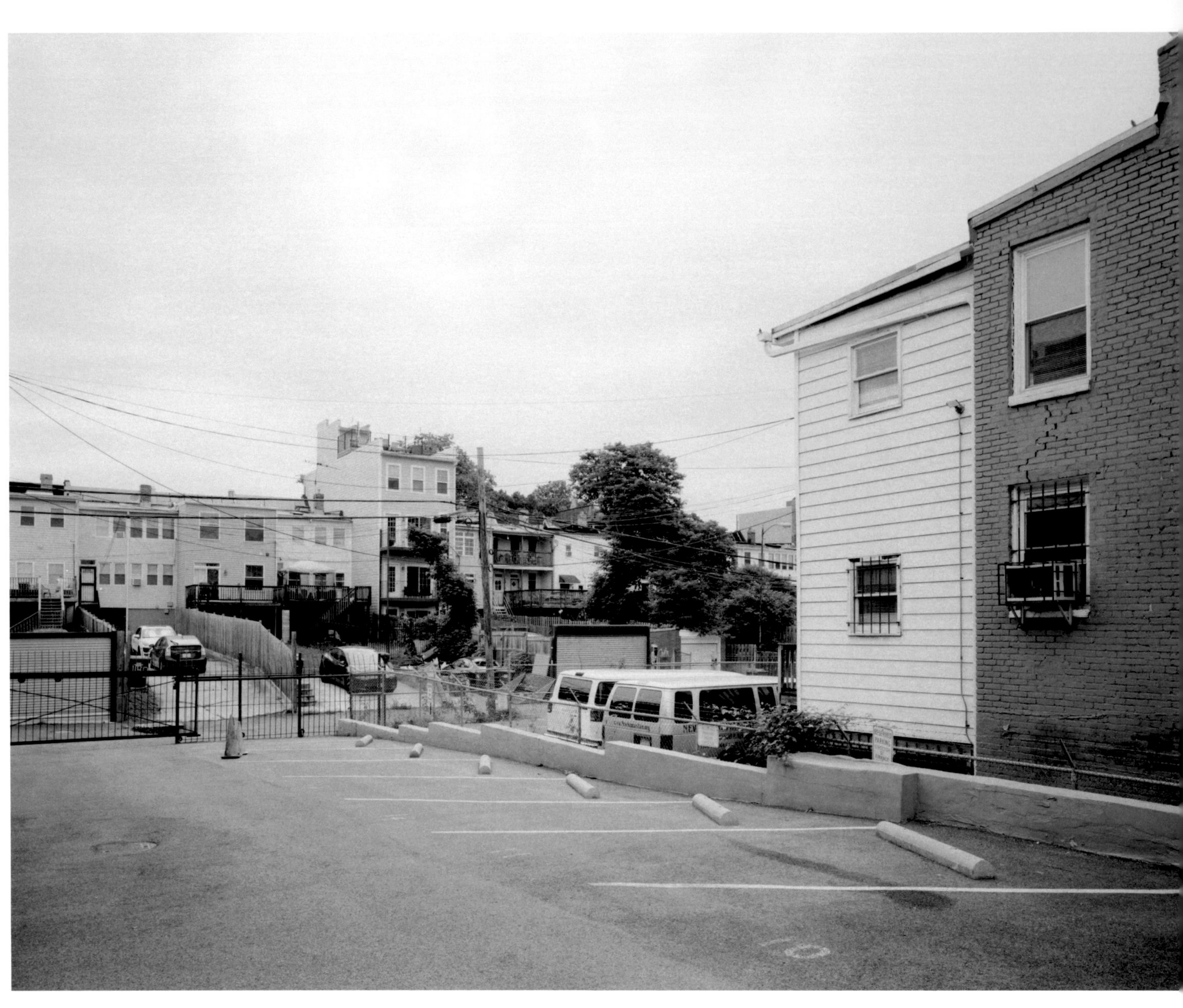

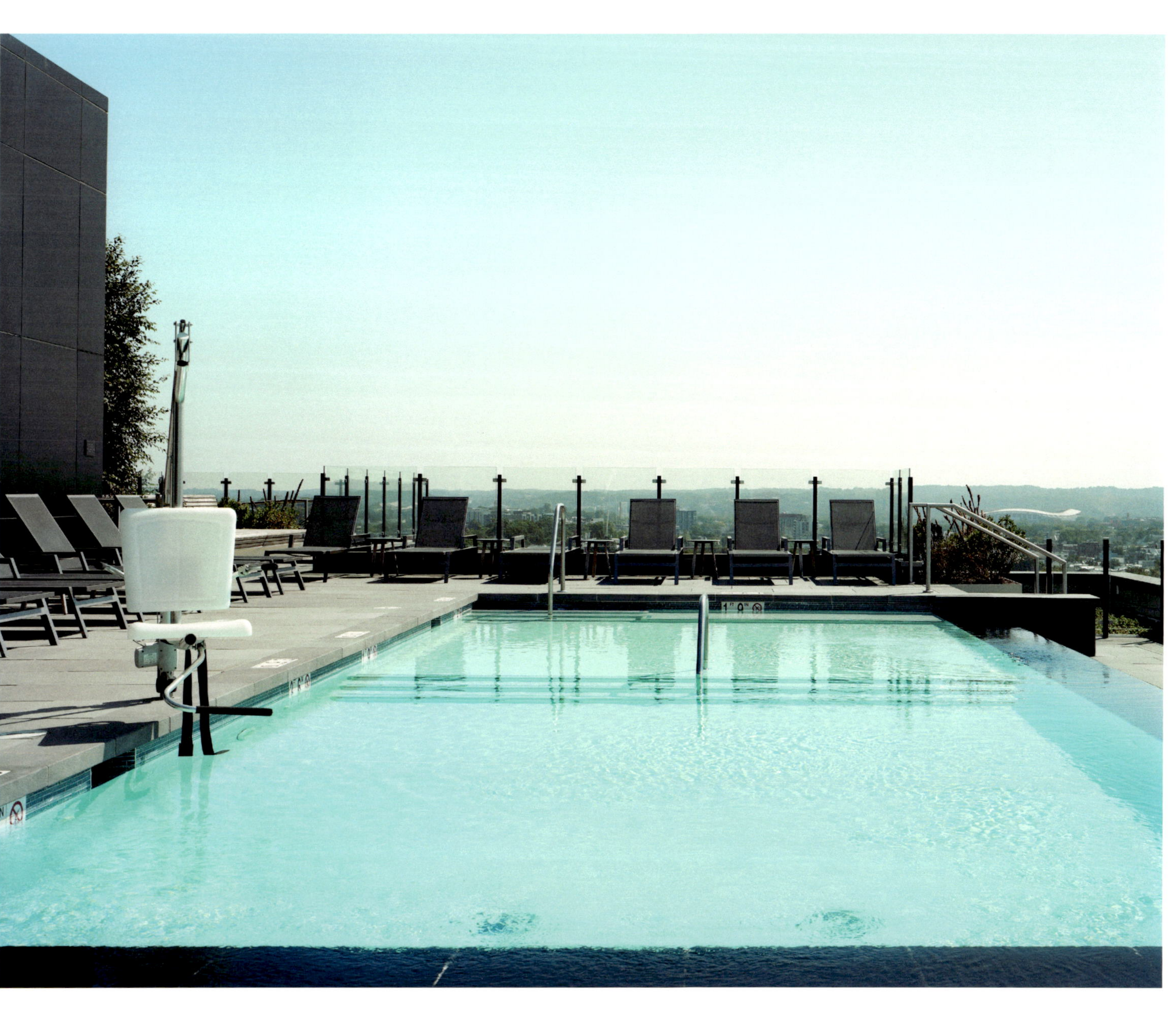

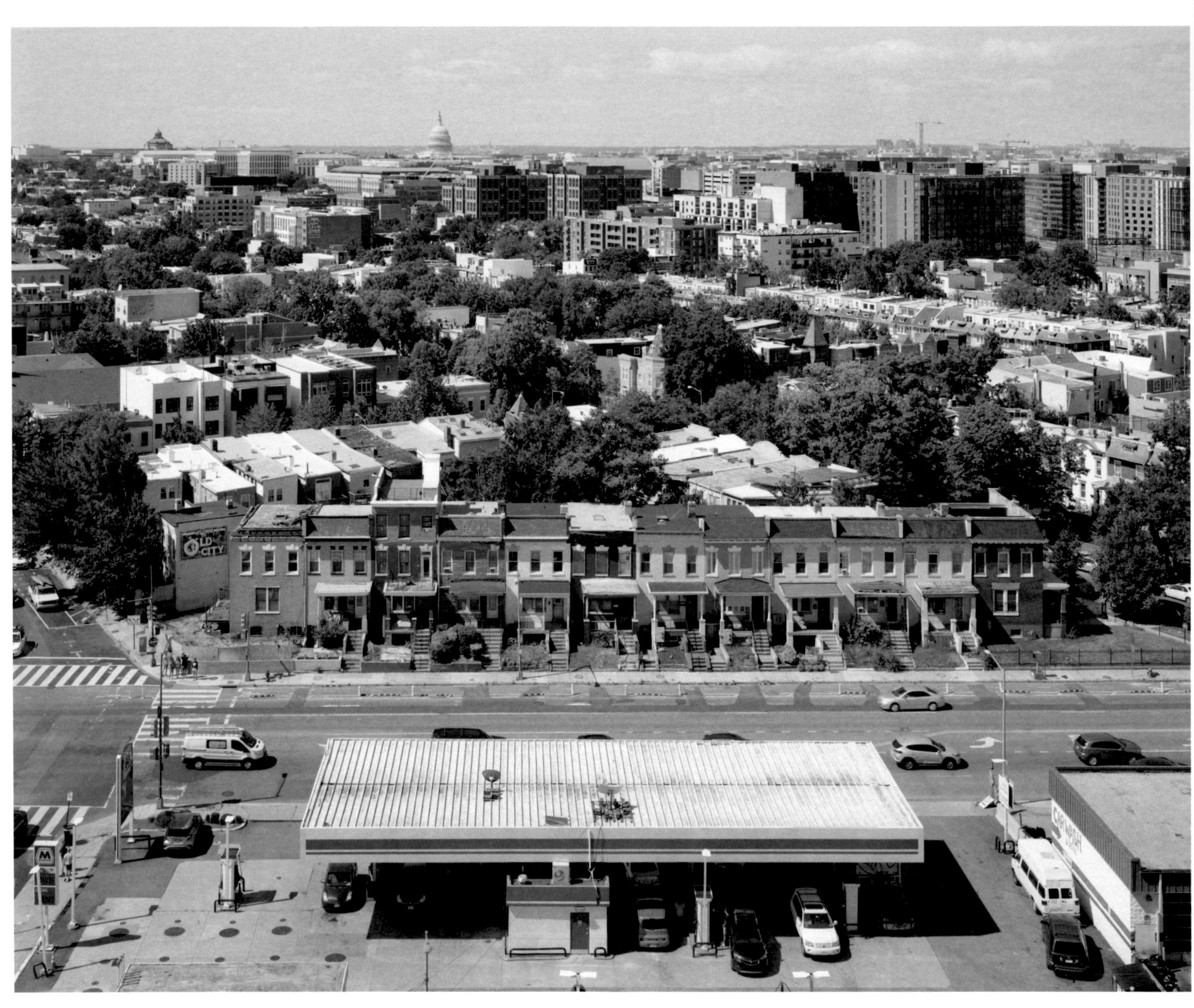

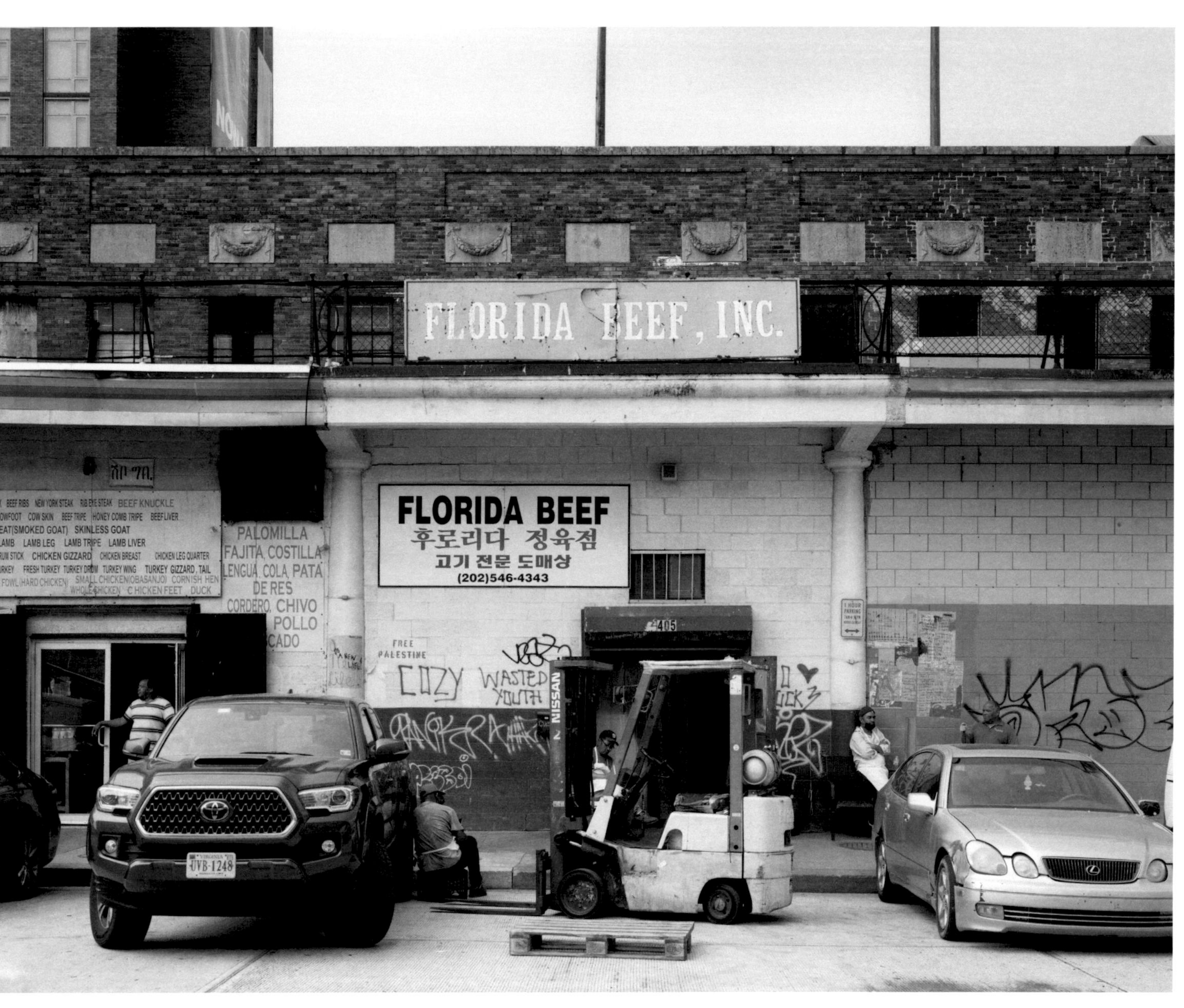

FLORIDA BEEF, INC.
FLORIDA BEEF
후로리다 정육점
고기 전문 도매상
(202)546-4343
PALOMILLA
FAJITA, COSTILLA
LENGUA, COLA, PATA
DE RES
CORDERO, CHIVO
POLLO
PESCADO
BEEF RIBS NEW YORK STEAK RIB EYE STEAK BEEF KNUCKLE
COWFOOT COW SKIN BEEF TRIPE HONEY COMB TRIPE BEEF LIVER
MEAT(SMOKED GOAT) SKINLESS GOAT
LAMB LAMB LEG LAMB TRIPE LAMB LIVER
DRUM STICK CHICKEN GIZZARD CHICKEN BREAST CHICKEN LEG QUARTER
TURKEY FRESH TURKEY TURKEY DRUM TURKEY WING TURKEY GIZZARD, TAIL
FOWL (HARD CHICKEN) SMALL CHICKEN(OBASANJO) CORNISH HEN
WHOLE CHICKEN C CHICKEN FEET DUCK
FREE
PALESTINE
COZY
WASTED
YOUTH
405
1 HOUR
PARKING
NISSAN
VIRGINIA
UVB-1248

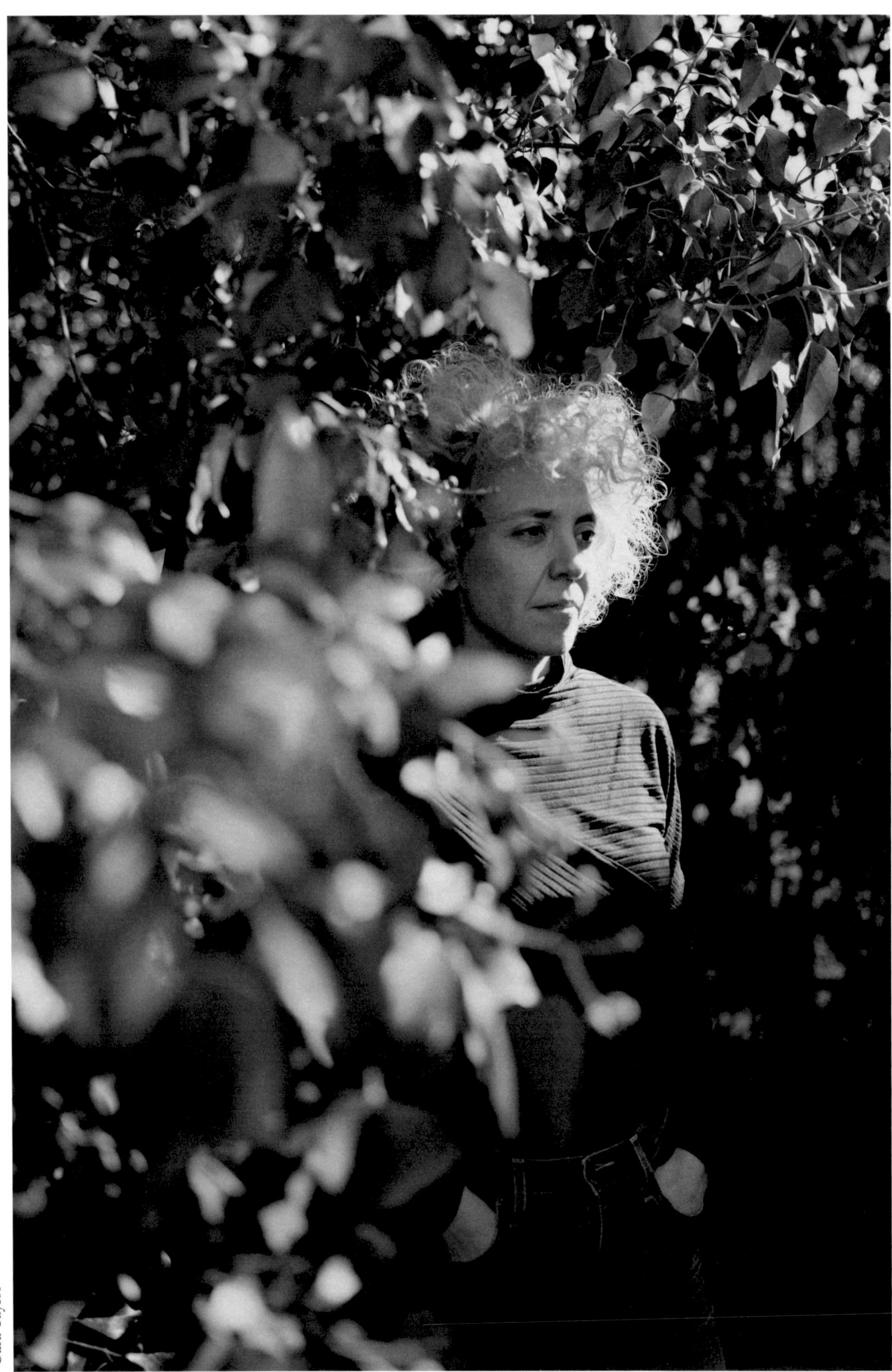

Cara Taylor

Uproot. Thermal Nature. Hoist

Uprooting is the loss or corruption of roots, and it involves banishment or a depletion of vital energy. This body of work presents three photographic series undertaken in various parks inside and outside the city of Washington, D.C., that examine uprooting from different viewpoints.

The series *Uproot* shows images of roots of trees that have fallen to the ground due to old age or disease. Despite their lifelessness, their present condition brings to light elements that were hidden underground. When a tree falls down, its roots emerge vertically, almost like a wall, with crevices full of stones, sand, and nutrients from the soil. The root resembles an asteroid floating in darkness, connecting internal forms with the outside world, in a kind of cosmos.

Thermal Nature presents a diptych of images of rhizomes with almost symmetrical forms. They are roots and branches from mangroves, rivers, and estuaries, hidden features that appear and disappear along with the rise and fall of the water. These images are printed on thermal blankets, in reference to the climatic changes affecting our planet and the importance of maintaining temperatures that ensure our survival.

Finally, the series *Hoist* shows a rescue: a fallen tree rises again, even if only through action/installation or art. The shores of the Potomac receive roots once again in order to hoist trees as landmarks, displaying their wealth as triumphant masts that proclaim the sacred nature of forms to the rhythm of the wind.

Uproot. Thermal Nature. Hoist

El desarraigo es la pérdida o corrupción de las raíces y supone un extrañamiento o ausencia de sentido vital. Este trabajo de Paula Anta recoge tres series fotográficas realizadas en diferentes parques dentro y fuera de la ciudad de Washington D. C. que tratan sobre el desarraigo desde diferentes perspectivas.

En *Uproot*, se muestran imágenes de raíces de árboles que, por vejez o enfermedad, han caído. Su nuevo estado, aunque sea ya sin vida, deja visible aquello que ha permanecido oculto bajo la tierra. El caer del árbol verticaliza la raíz, casi como un muro, llevándose en sus recovecos piedras, arena y todos los nutrientes de la tierra. La raíz se presenta casi como un esteroide que flota de nuevo entre lo oculto, conectando las formas que pertenecen a lo interno con el exterior, en una especie de cosmos.

Thermal Nature ofrece un díptico de imágenes de rizomas a través de las formas de patrones casi simétricos. Son raíces y ramas en manglares, ríos y desembocaduras, cuya parte oculta emerge y desaparece por la bajada y subida del agua. Están impresas sobre mantas térmicas, haciendo alusión al cambio de las temperaturas que se está produciendo en nuestro planeta y a la importancia de intentar mantener las temperaturas que aseguren nuestra supervivencia.

Por último, la serie *Hoist* es un acto de salvación. El árbol caído que se eleva, aunque sea a través de la acción/instalación o del arte. Las orillas del Potomac vuelven a ocultar las raíces para izar los árboles a modo de hitos. Estos muestran de nuevo su riqueza como mástiles triunfantes que ondean, al ritmo del aire, lo sagrado de las formas.

PAULA ANTA

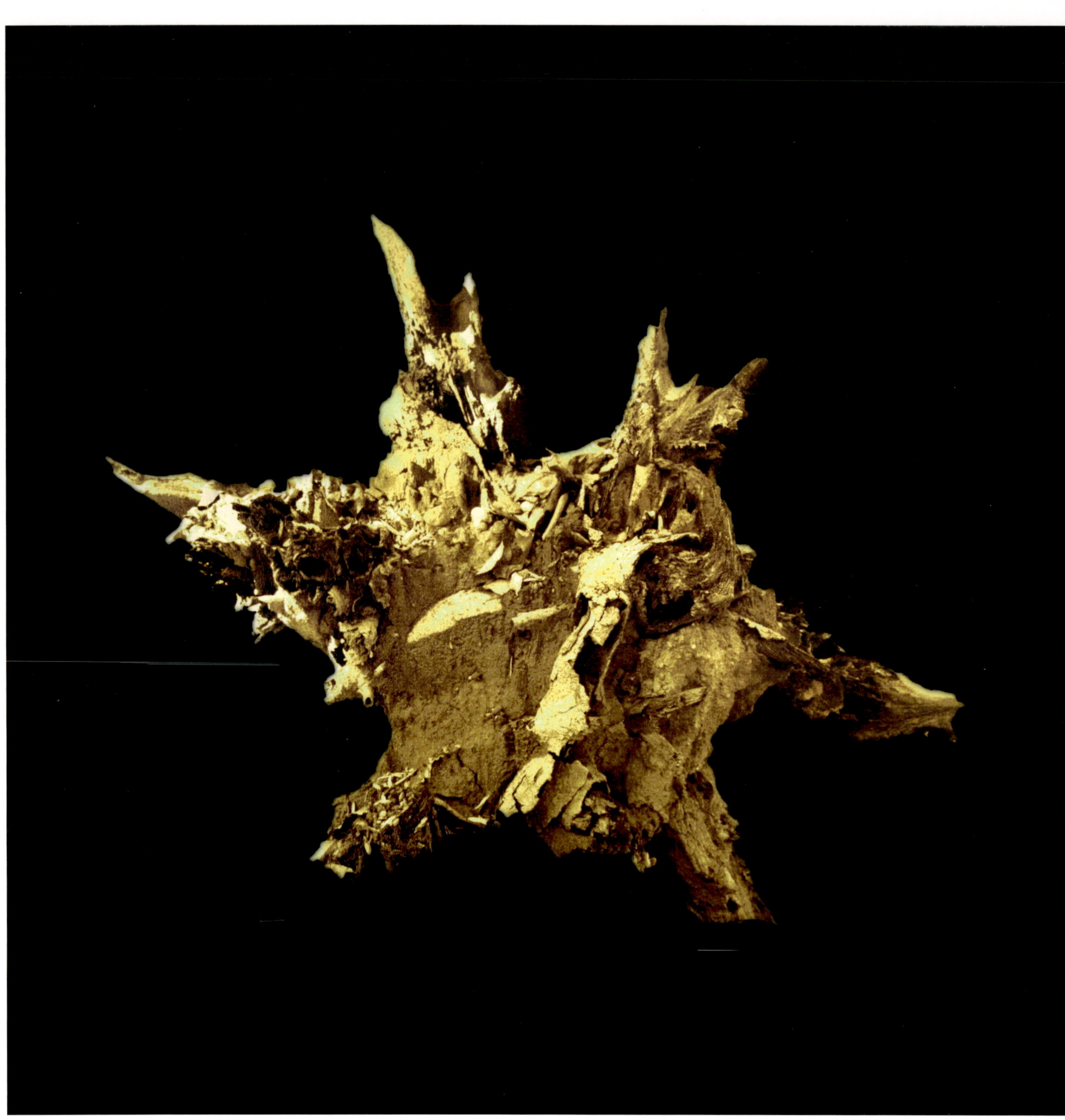

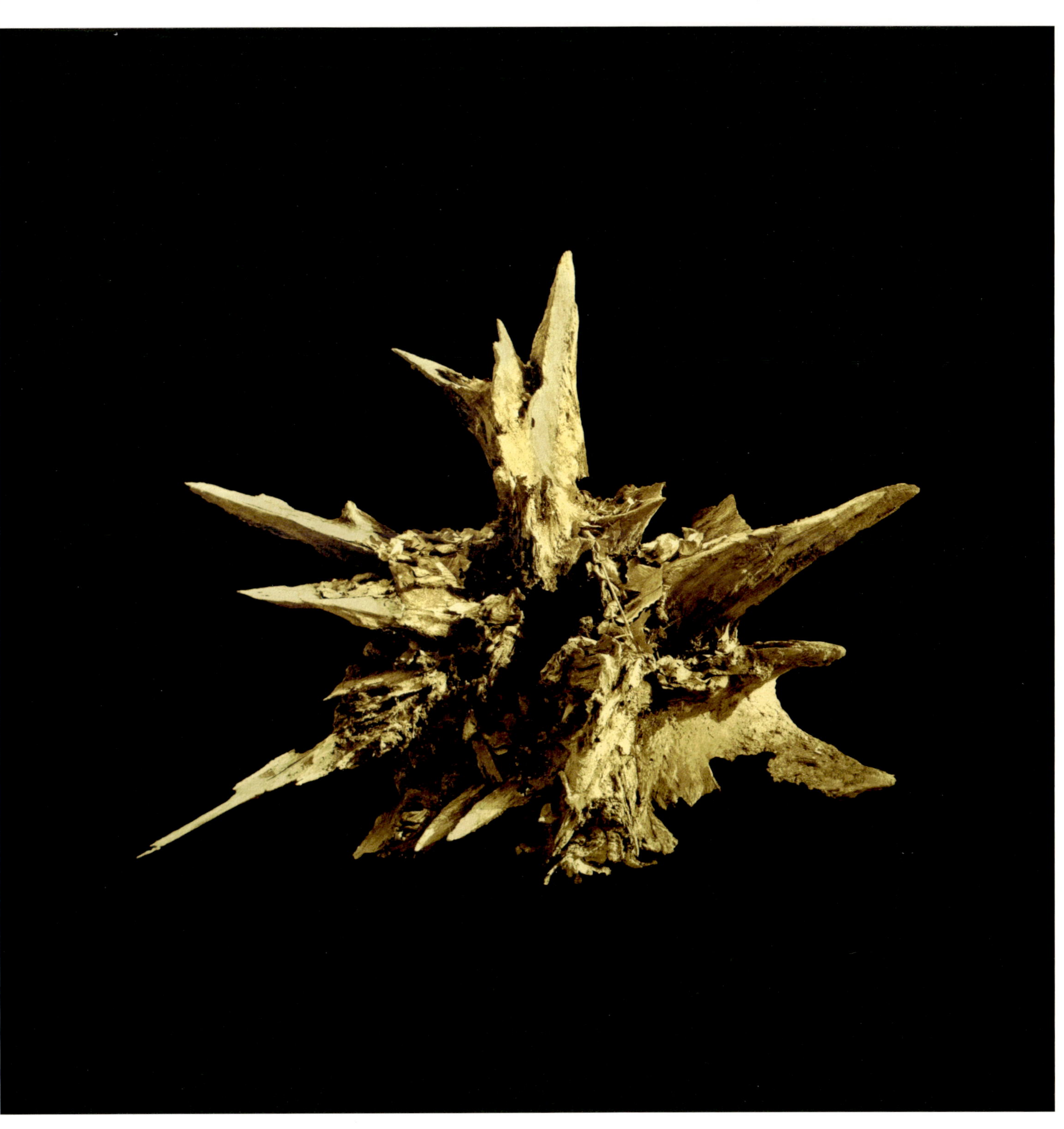

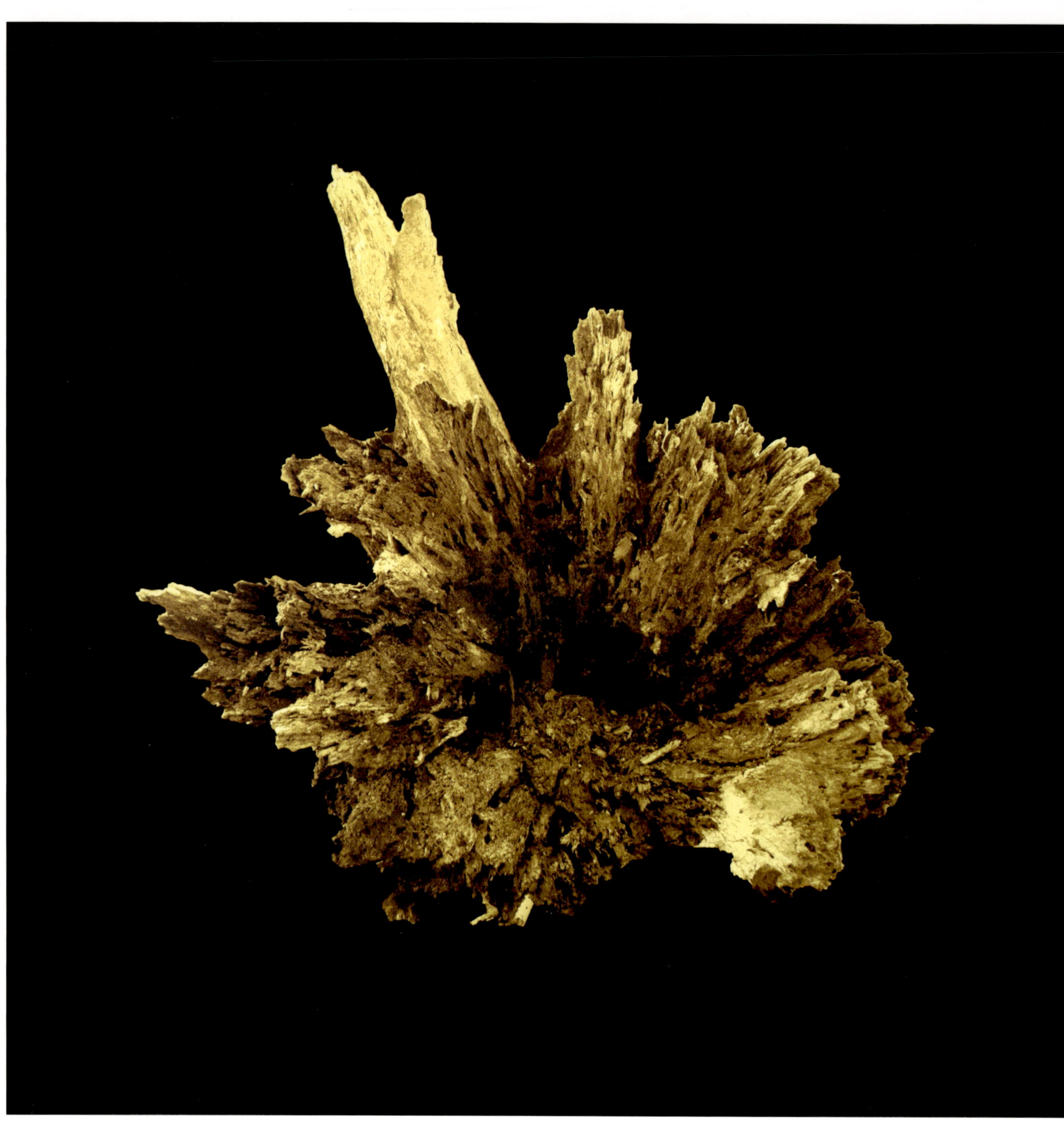

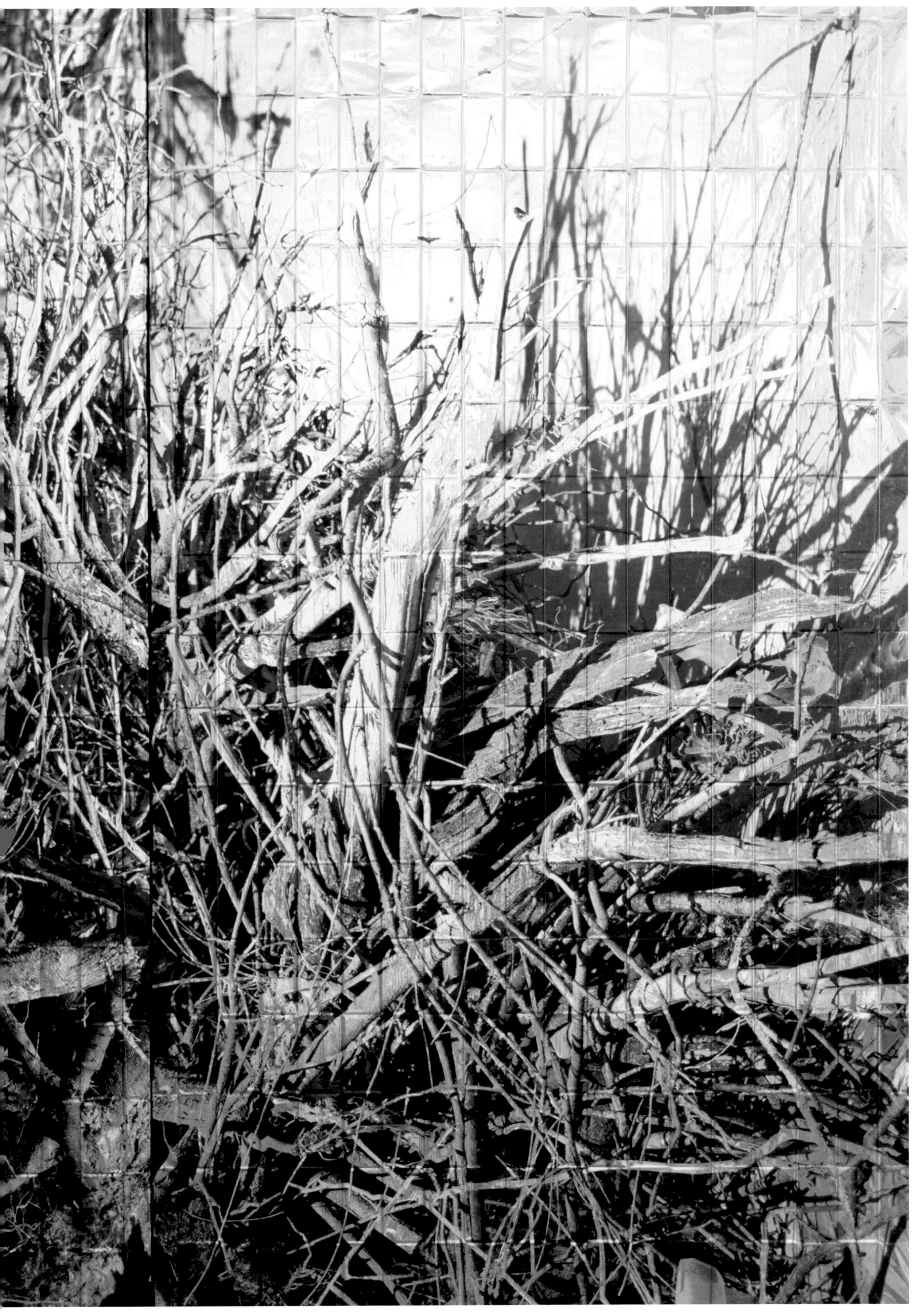

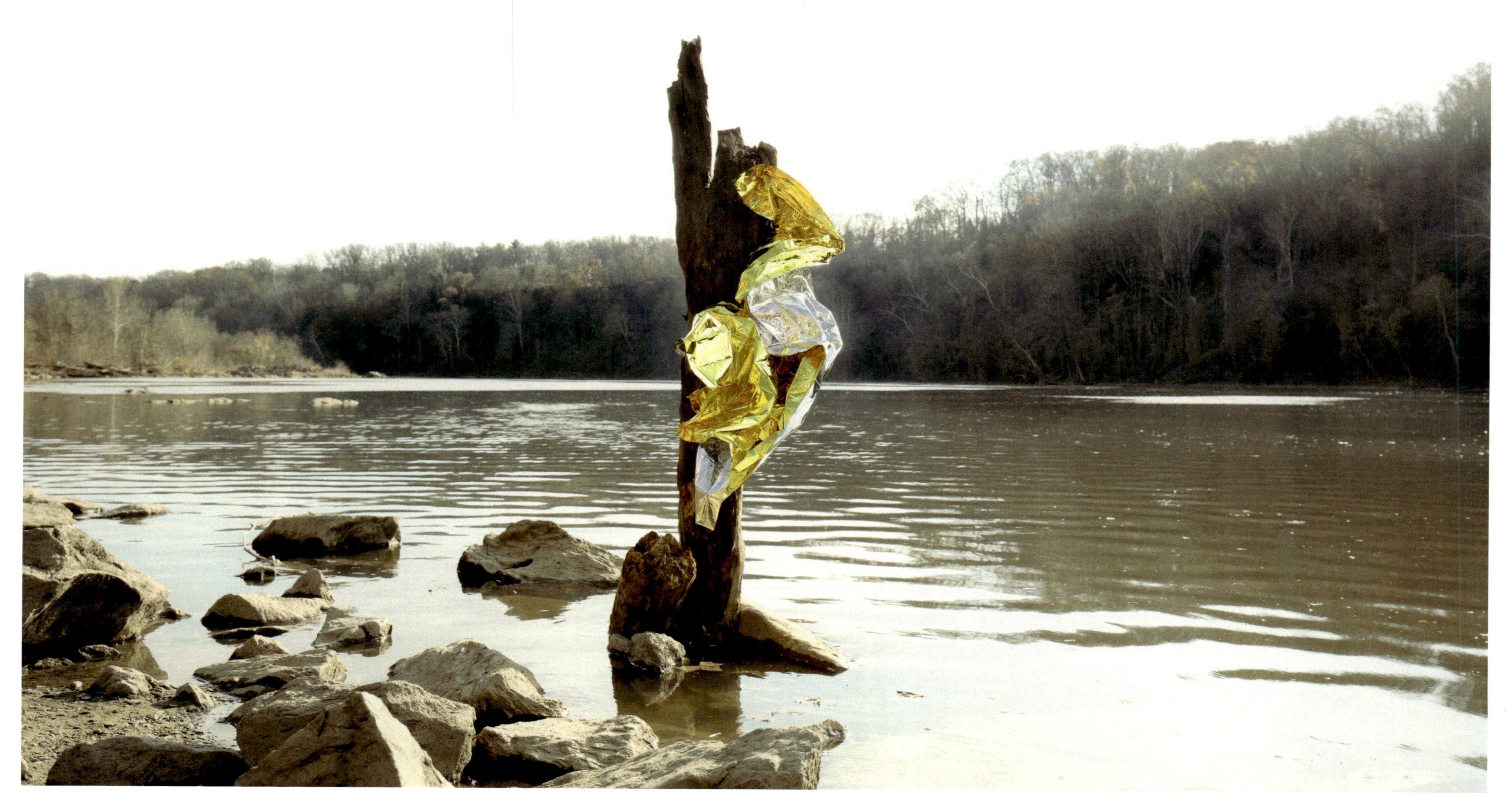

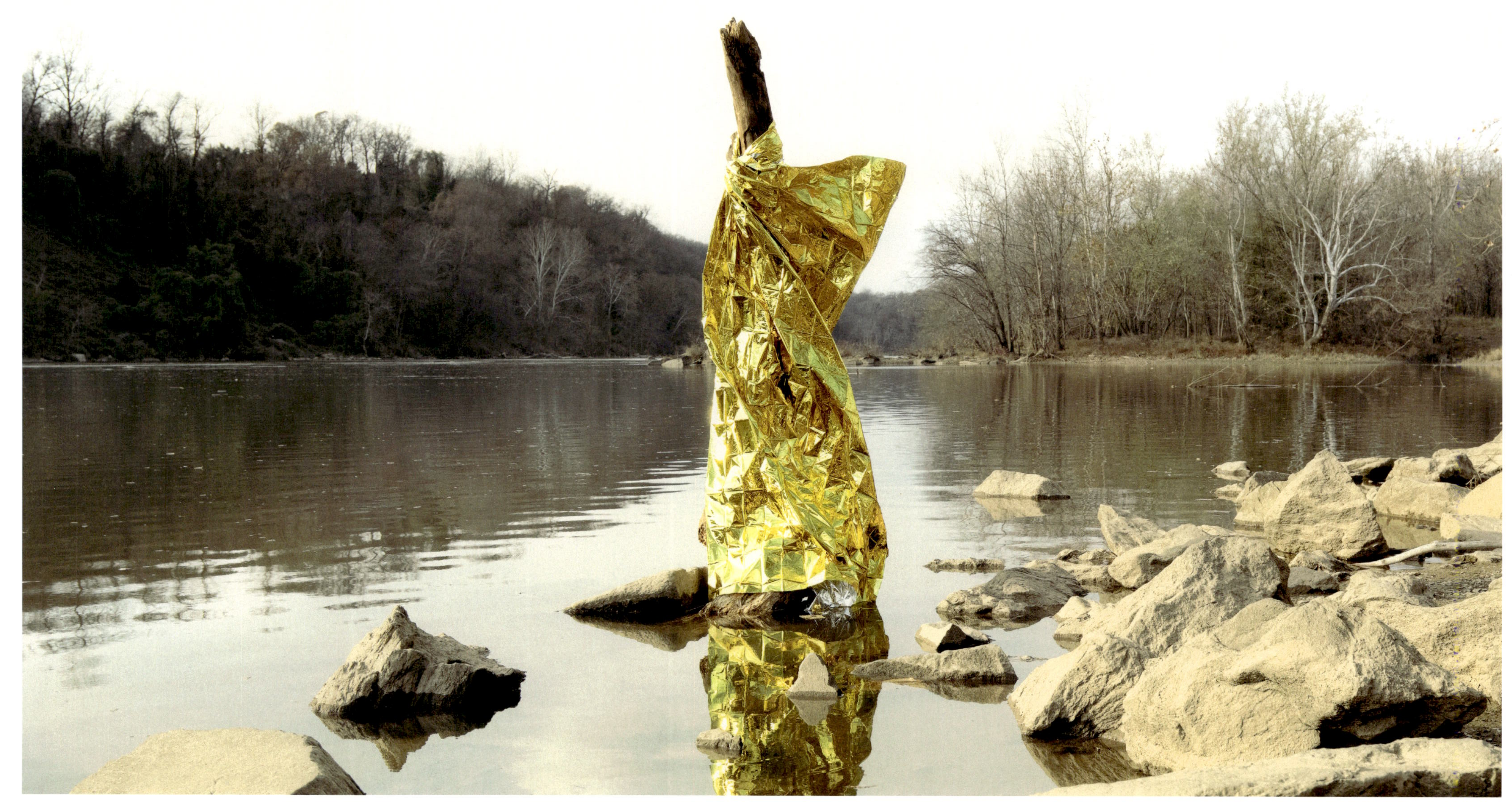

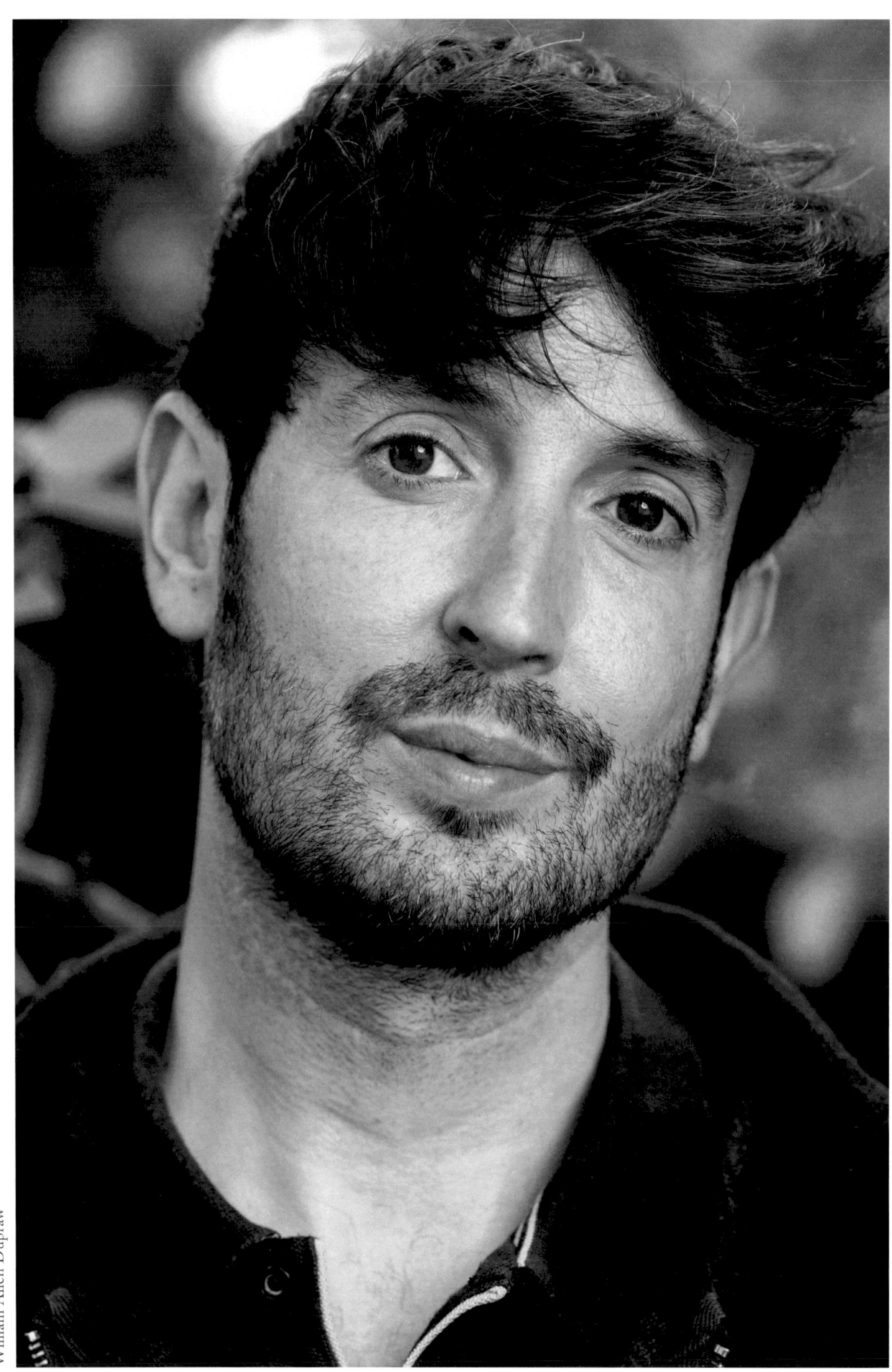

Jesús Madriñan's main subject is the exploration of identity from a generational and biographical perspective, spurred by the need to understand the reality around him. In his projects, he examines how various physical and virtual contexts can play an important role in the development of identity. These include after-hour clubs, nightclubs, and social media, all regular spaces of interaction closely connected to his generation.

In *Washington Store*, Madriñan delves into the use of contact apps, particularly the self-proclaimed "world's leading dating app for the LGBTQ community." Here, the process of constructing digital identity is especially symptomatic, as it promotes the development of an objectifying view of digital others and, at the same time, the construction, consciously or otherwise, of an objectified self representing the user in virtual space.

Based on this reflection, Jesús Madriñan invited a large number of the app's users to meet him in an old warehouse in the city, at the same time on the same day, in order to produce a large-scale collective portrait. The idea was to assemble, in a specific physical location, people unknown to each other but accustomed to sharing a space on the virtual plane, while also representing the social reality of the time and place in which they live: Washington, D.C. The result is a personal generational story in the era of modernity and liquid love.

Washington Store

La principal línea de trabajo de Jesús Madriñán tiene que ver con la identidad desde un acercamiento generacional y biográfico, partiendo de la necesidad de entender la realidad que le rodea. En sus proyectos, estudia cómo diferentes contextos (físicos y virtuales) pueden jugar un papel importante en el desarrollo de la identidad. *Afters*, discotecas o redes sociales son algunos de ellos, todos espacios de interacción habituales y muy vinculados a su generación.

En *Washington Store*, el autor indaga sobre el uso de aplicaciones de contactos, y en concreto, sobre la autodenominada «aplicación de citas al servicio de la comunidad LGBTQ líder en el mundo». En ella, el proceso de construcción de la identidad digital es especialmente sintomático, pues induce al desarrollo de una visión cosificadora de los otros digitales y, de forma paralela, a la construcción, más o menos consciente, de un yo objeto que representa al usuario en el espacio virtual.

Partiendo de esta reflexión, Jesús Madriñán invitó a un gran número de usuarios de la aplicación a reunirse con él en un antiguo almacén de la ciudad, el mismo día y a la misma hora, para hacer un gran retrato colectivo. Se trataba de concentrar en un lugar físico concreto a individuos desconocidos que acostumbran a compartir un mismo espacio en el plano virtual y que, a la vez, representan la realidad social del tiempo y el lugar en el que viven: Washington D. C. El resultado es un personal relato generacional en la era de la modernidad y el amor líquido.

JESÚS MADRIÑÁN

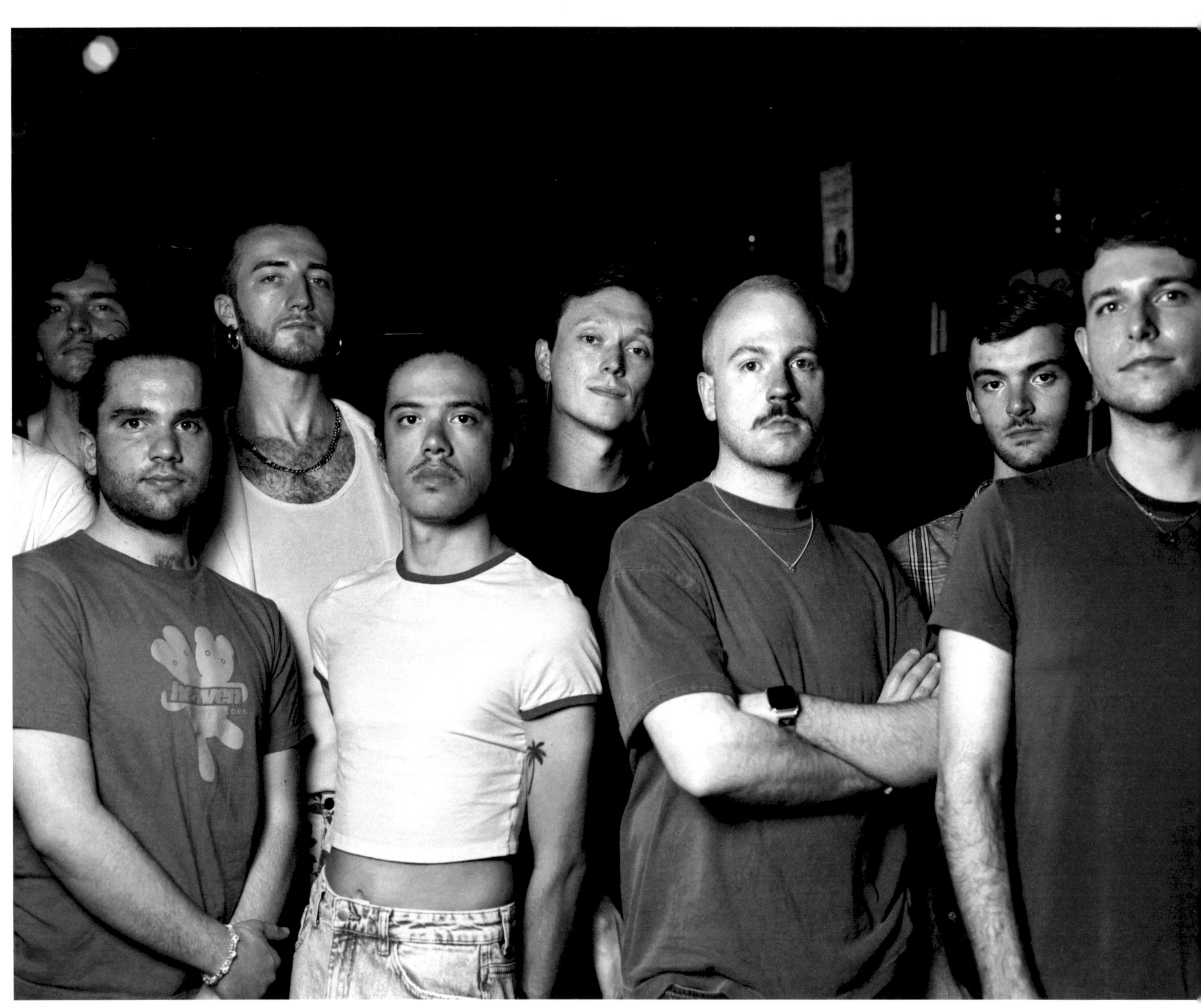

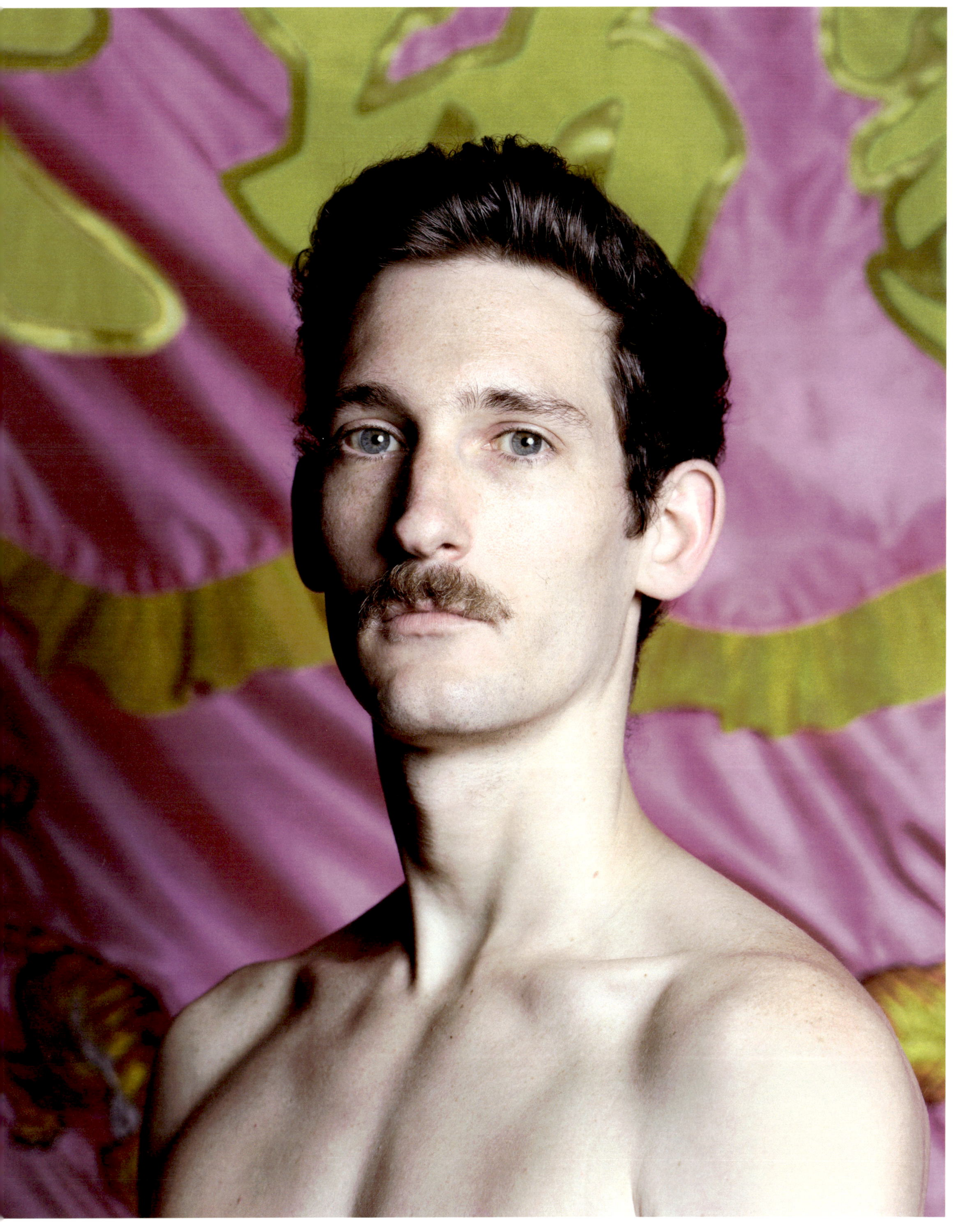

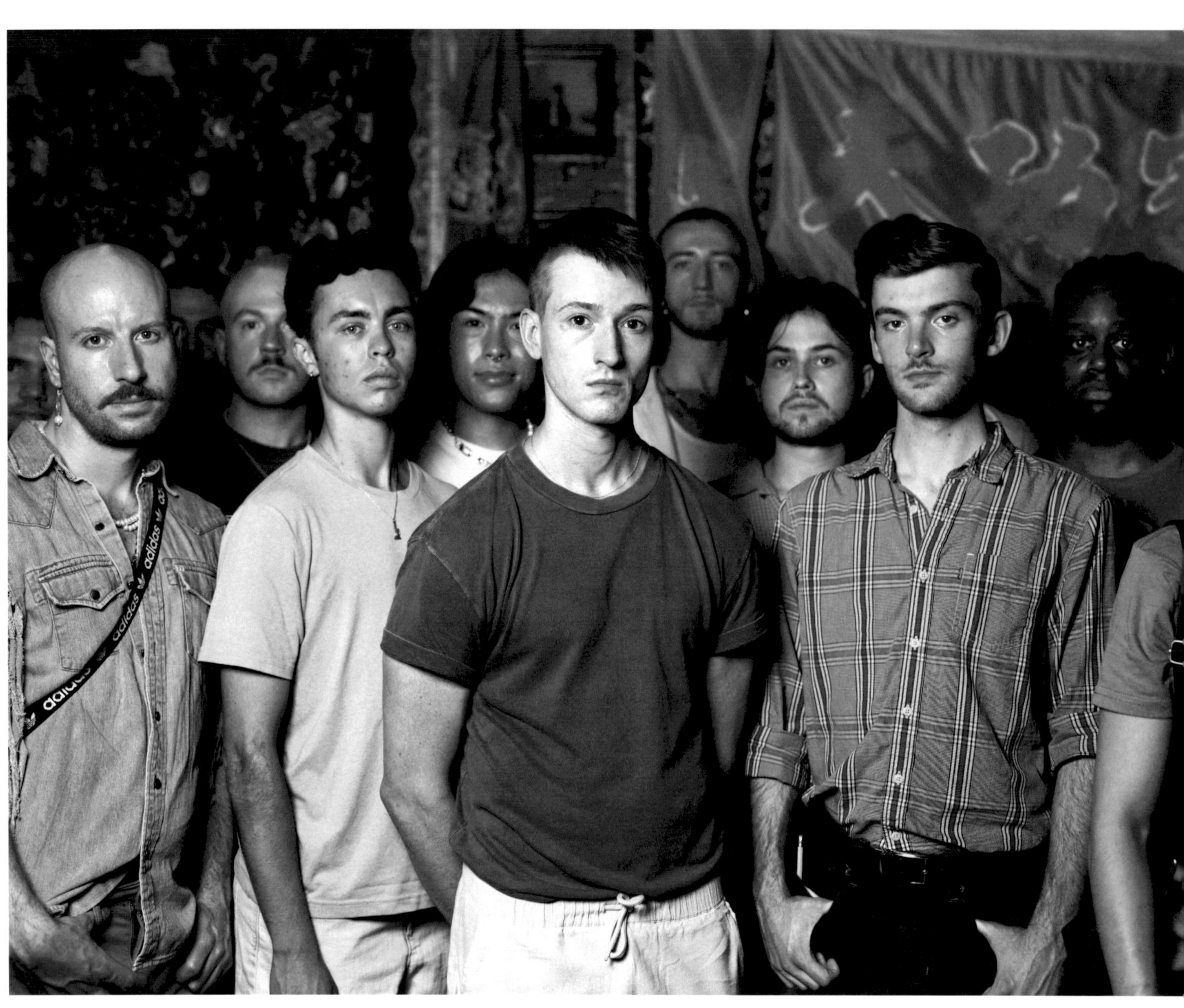

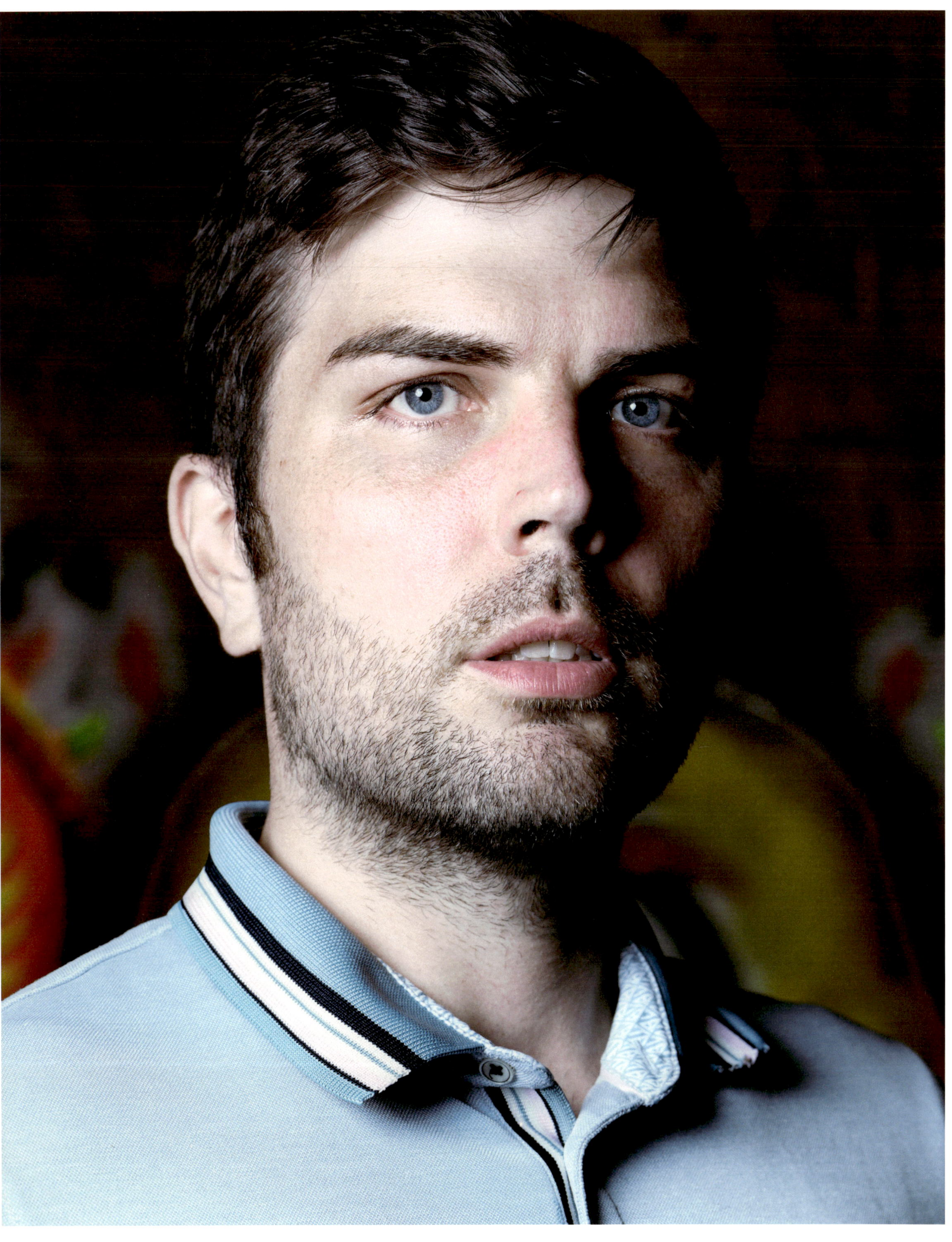

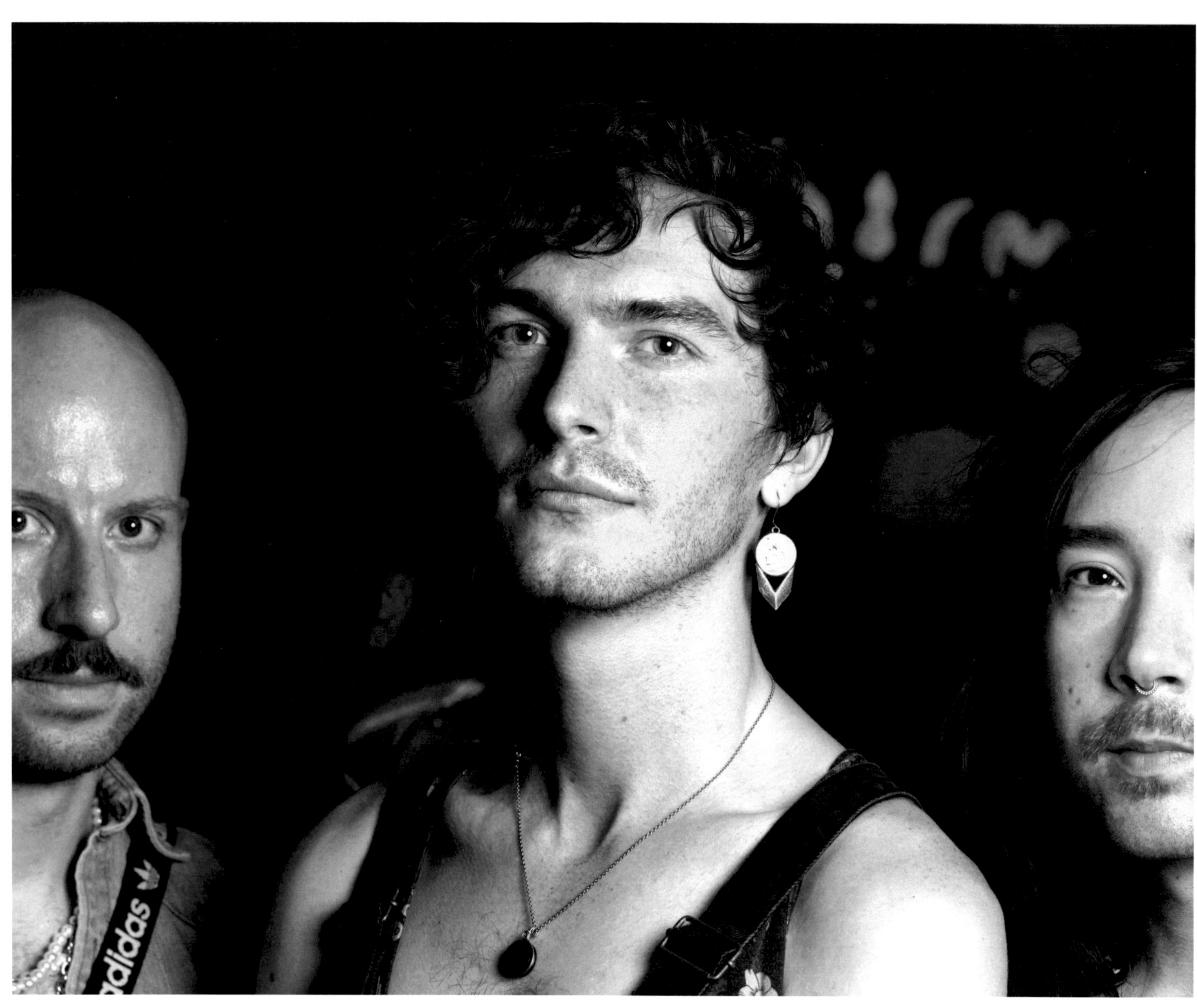

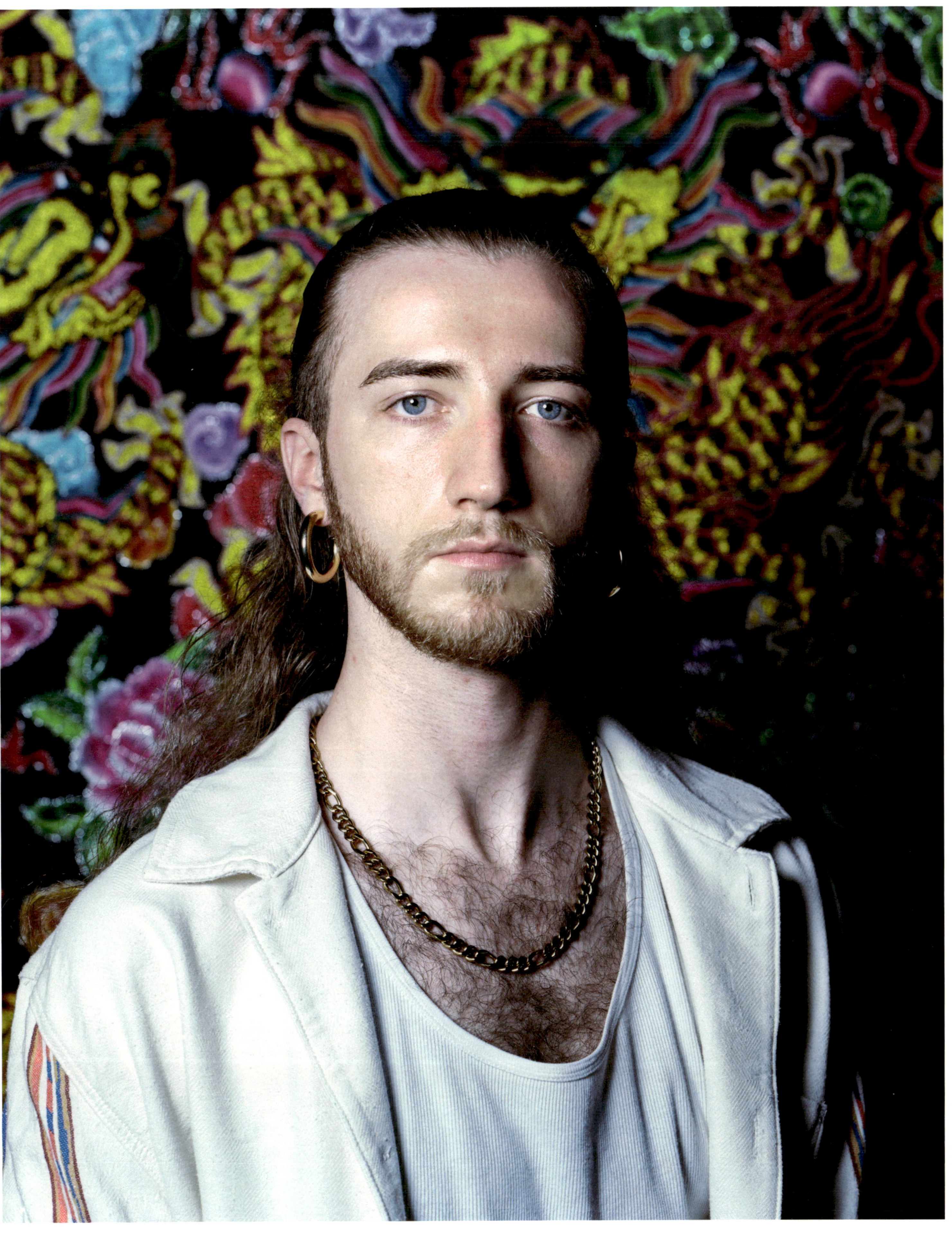

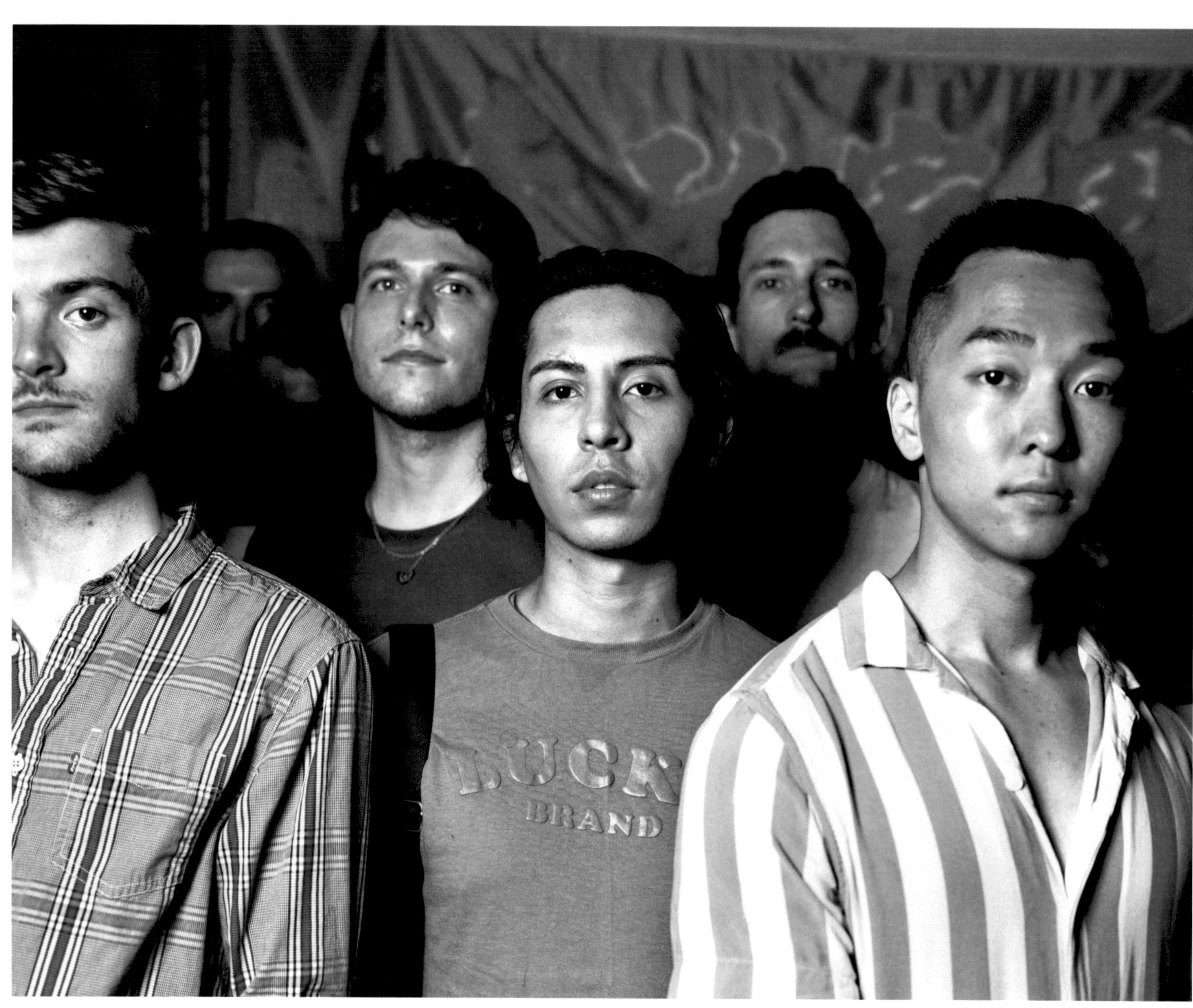

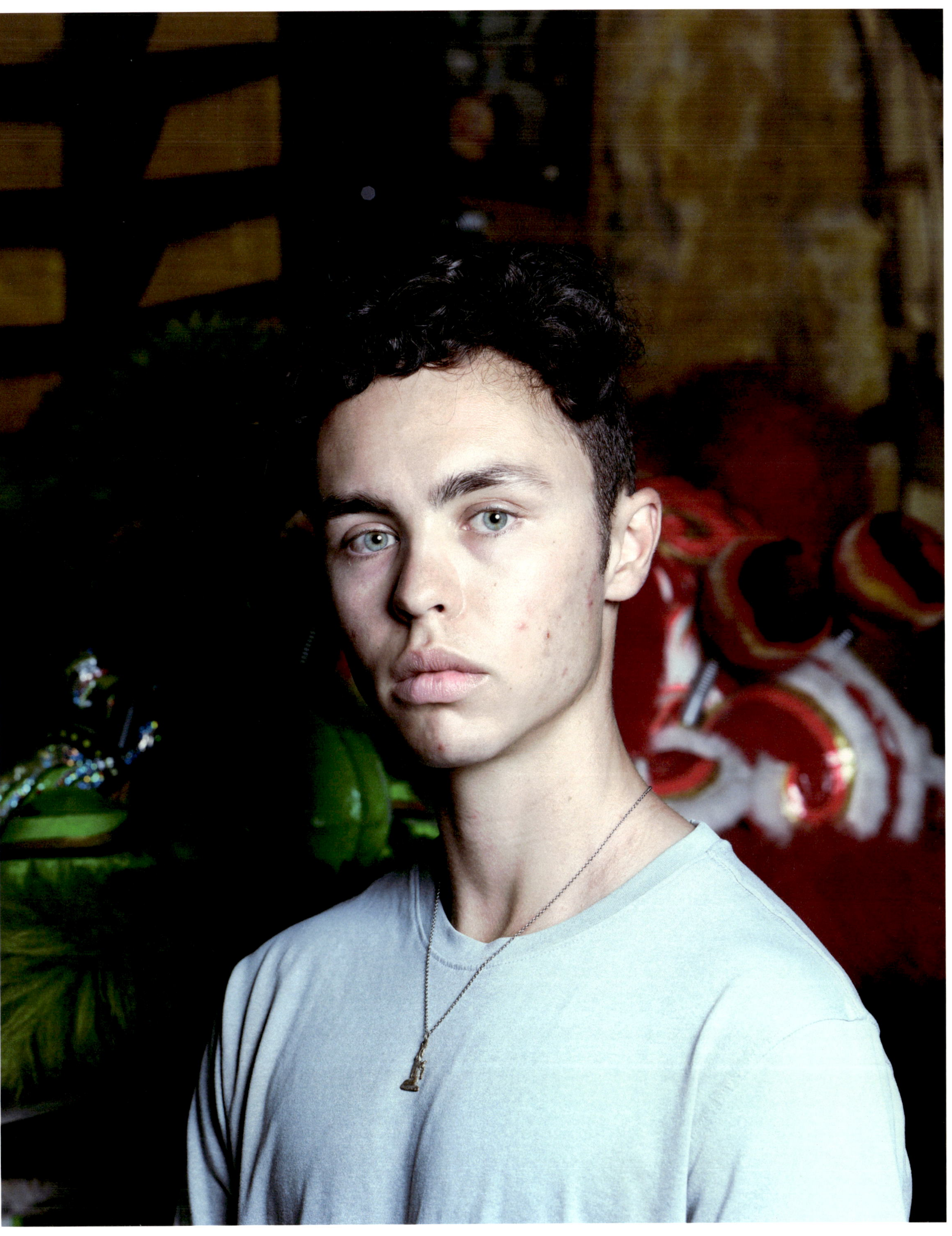

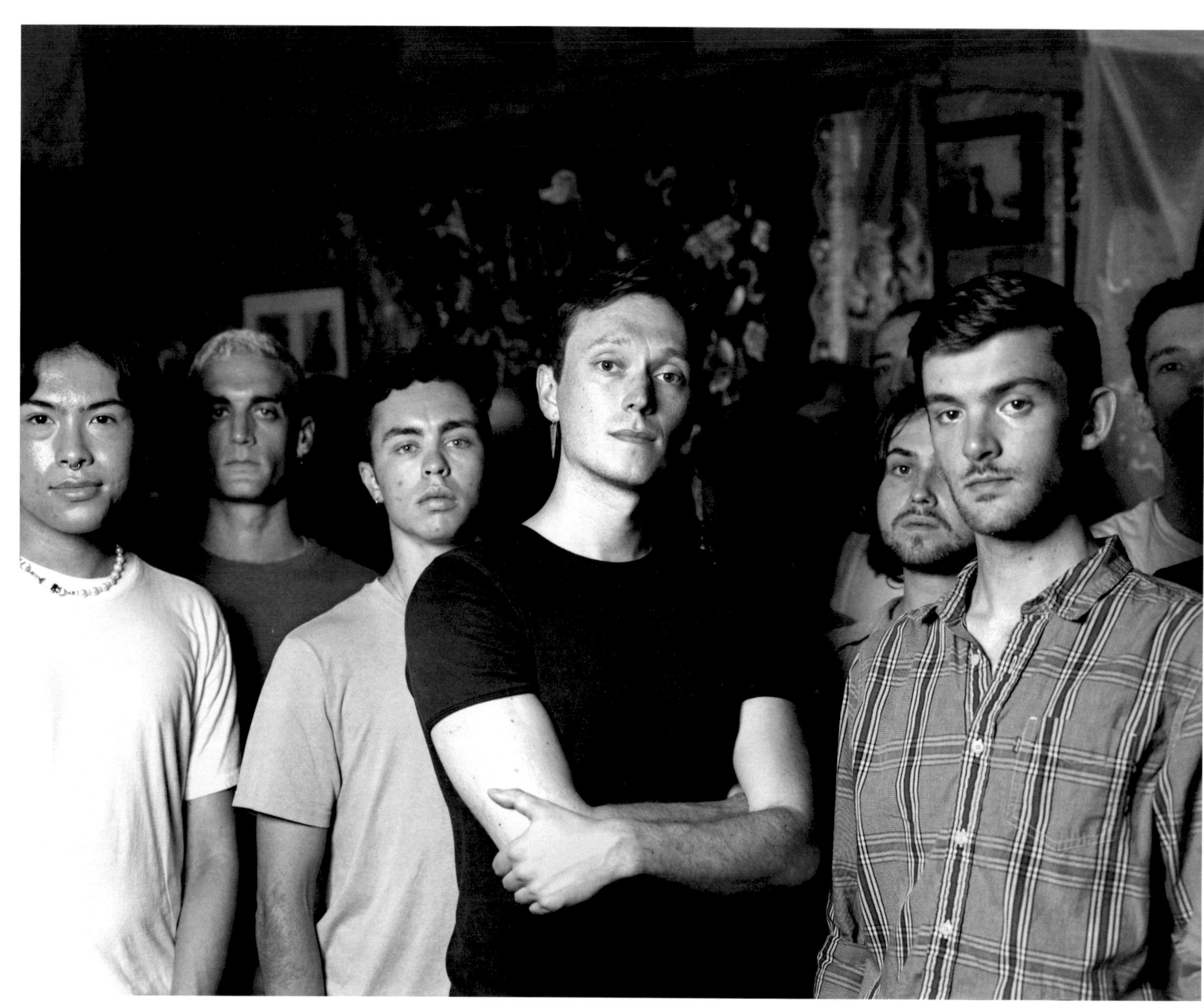

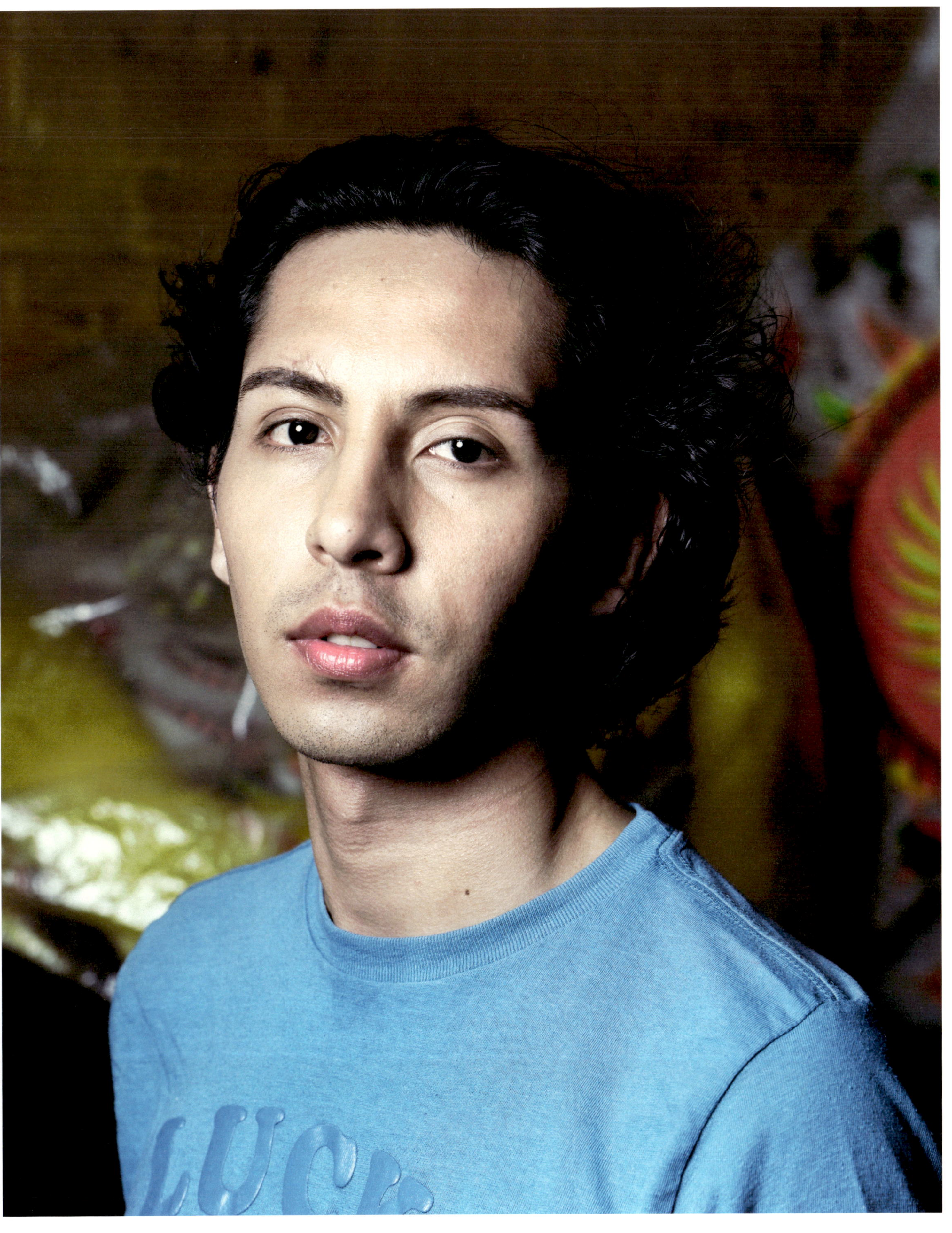

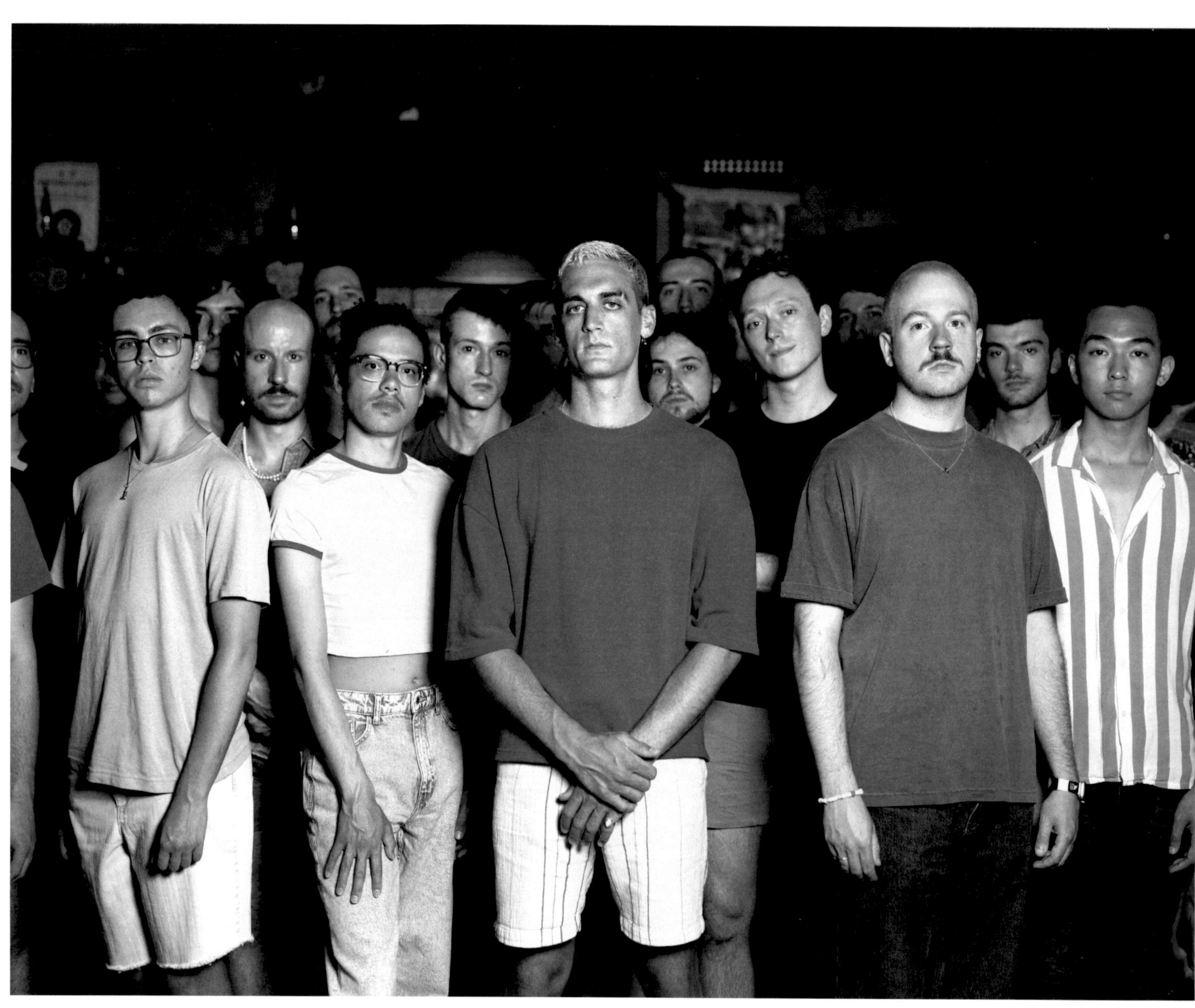

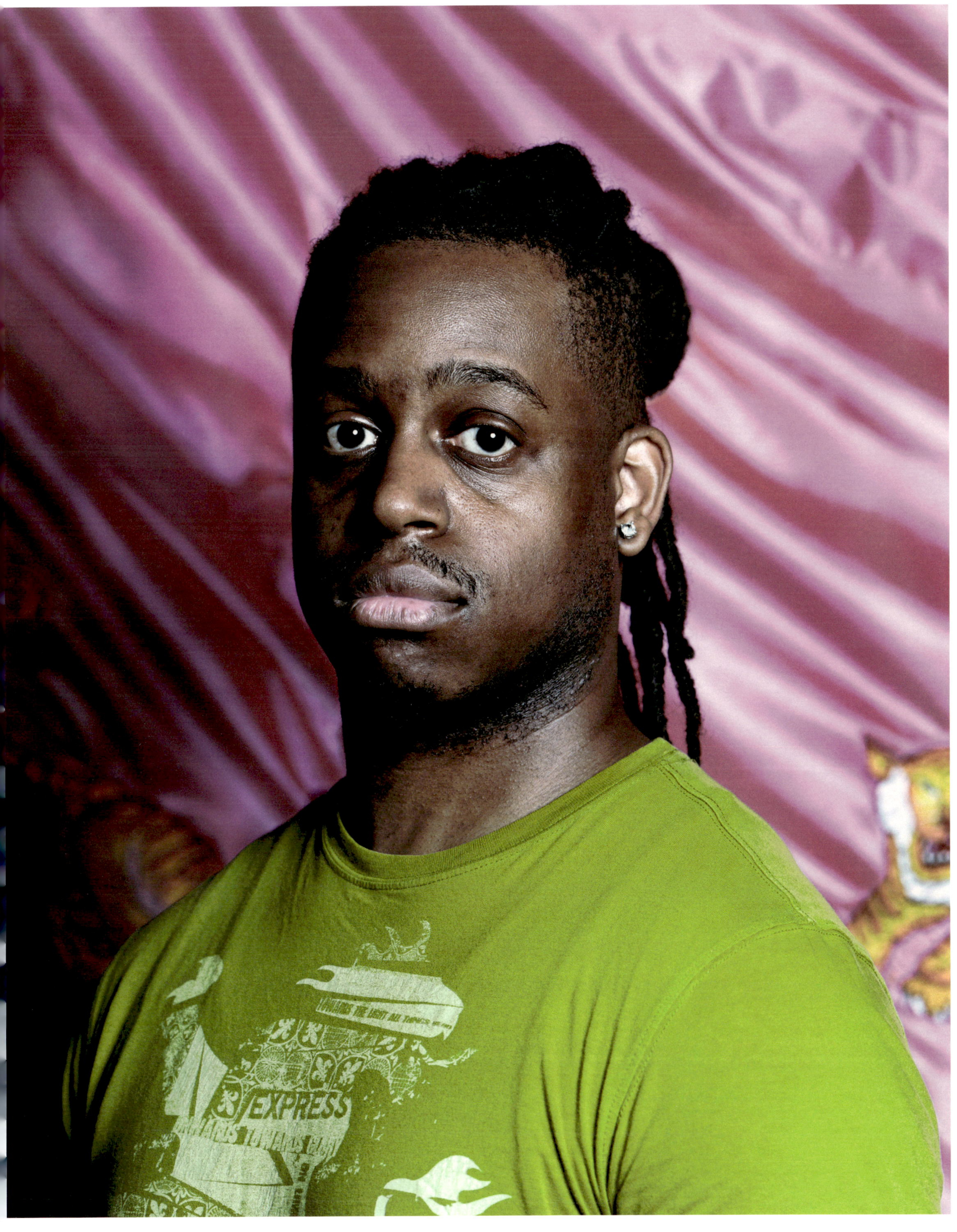

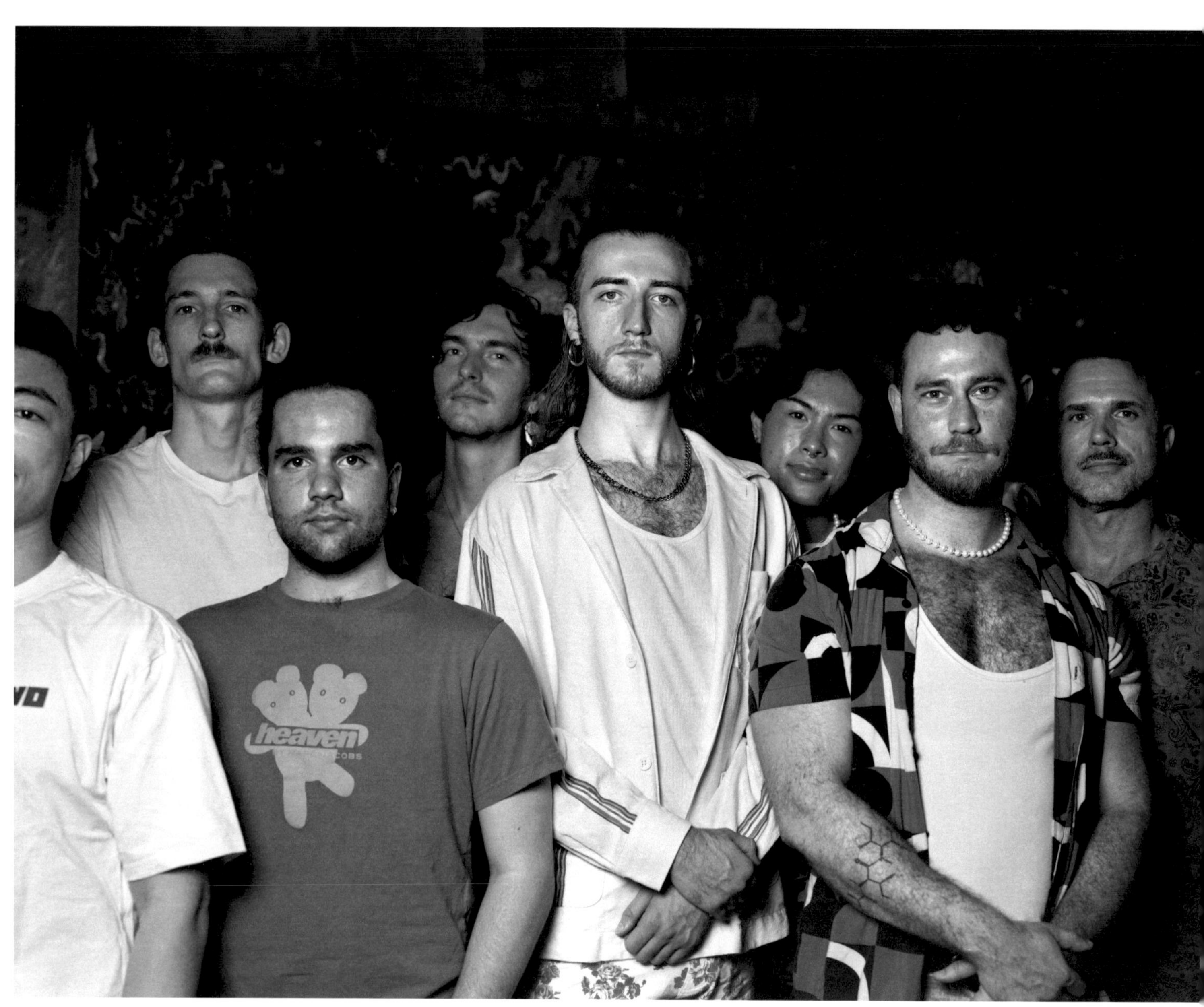

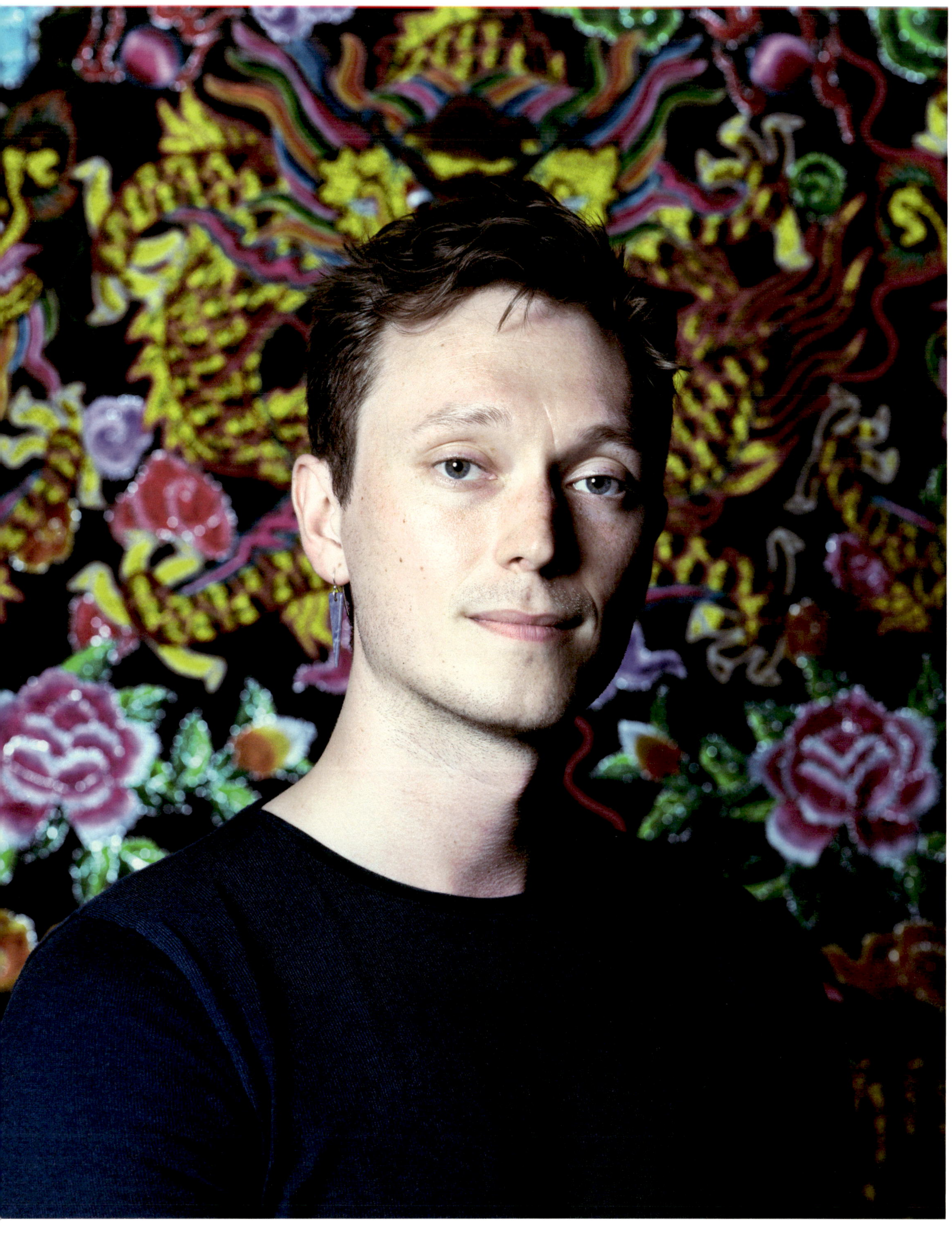

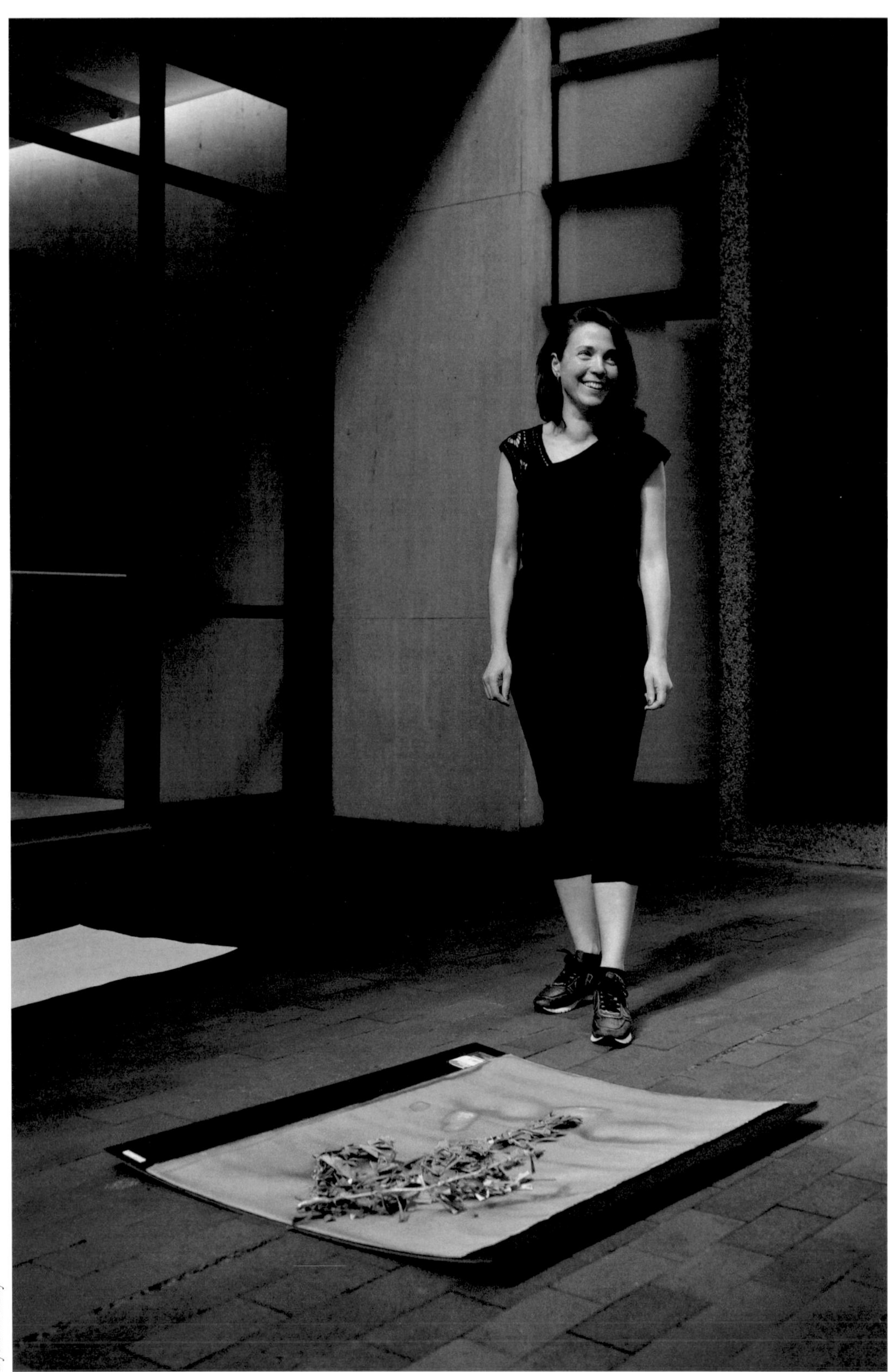

City of Power. City of Trees.
An herbarium for Washington

George Washington, Thomas Jefferson, John Quincy
Adams, and other US presidents were all horticulturists.
The city was planned over 200 years ago by the French
engineer Pierre L'Enfant, after a commission by George
Washington. His project, which included parks and
woodland, is the root that explains how the country's
politics, history, science, art, and technology can be told
through its trees, flowers, and plants.

In 1889, an article in *Harper's Magazine* reported: "The city
of Washington, the capital of the nation, exceeds in beauty
any city in the world. The grand conception of the plan of
its broad streets and avenues paved with asphalt, smooth as
marble, and its hundreds of palatial residences erected in
the highest style of art, but above all, its magnificent trees,
make it without a peer."

In the series *City of Power. City of Trees*, Rosell Meseguer
has collected and resignified each of the selected plants:

Saucer magnolia: Lafayette Square.
Viburnum plicatum tomentosum: Dumbarton Oaks.
Northern red oak: Union Station.
Ginkgo tree: Library of Congress.
Sawtooth oak or Japanese oak: the Mall.
Willow oak and English yew or common yew: The Capitol.
Acer: Washington Monument.
Conifers and pines: Arlington Cemetery.
Cherry blossoms in the Tidal Basin: a gift from Japan.
Sweetgum or Redgum: Constitution Gardens.
Franklinia alatamaha or Ben Franklin tree: Dumbarton
Oaks.
The flora of the Watergate Building…

Every president has picked up a spade to plant a tree at
no. 1600, Pennsylvania Avenue, linking botany with power,
almost as a performance, a symbolic ritual.

City of Power. City of Trees.
Un herbario para Washington

George Washington, Thomas Jefferson, John Quincy Adams
y otros presidentes de Estados Unidos fueron horticultores
La ciudad fue planeada hace más de 200 años por el
ingeniero francés Pierre L´Enfant, contratado por Georges
Washington. Su proyecto, que incluía parques y la plantación
de árboles, es la raíz que explica cómo la política, la historia,
la ciencia, el arte y la tecnología del país pueden contarse por
medio de sus árboles, flores y plantas.

En 1889, un artículo en *Harper's Magazine* describía:
«La ciudad de Washington, capital de la nación, supera
en belleza a cualquier ciudad del mundo. La grandiosa
planificación de sus amplias calles y avenidas asfaltadas, lisas
como el mármol; sus cientos de casas palaciegas, erigidas
en el más alto estilo del arte, y sobre todo sus magníficos
árboles, la hacen inigualable».

En la serie *City of Power. City of Trees*, Rosell Meseguer
ha ido recolectando y resignificando cada una de las plantas
seleccionadas:

La *Saucer magnolia*: Lafayette Square.
El *Viburnum plicatum tomentosum*: Dumbarton Oaks.
El *Quercus rubra*: Union Station.
El ginkgo: Biblioteca del Congreso.
El *Quercus acutissima*: Mall.
El *Quercus phellos* y el *Taxus baccata*: Capitolio.
El *Acer*: Monumento a Washington.
Las coníferas y pinos: cementerio de Arlington.
Los cerezos en flor en el Tidal Basin: un regalo de Japón.
El liquidámbar: Jardines de la Constitución.
La *Franklinia alatamaha* o árbol de Franklin:
Dumbarton Oaks.
La flora del Watergate Building…

Casi como una *performance*, como un ritual simbólico, cada
presidente ha plantado un árbol en el n.º 1600 de la Avenida
de Pensilvania, uniendo así botánica y poder.

ROSELL MESEGUER

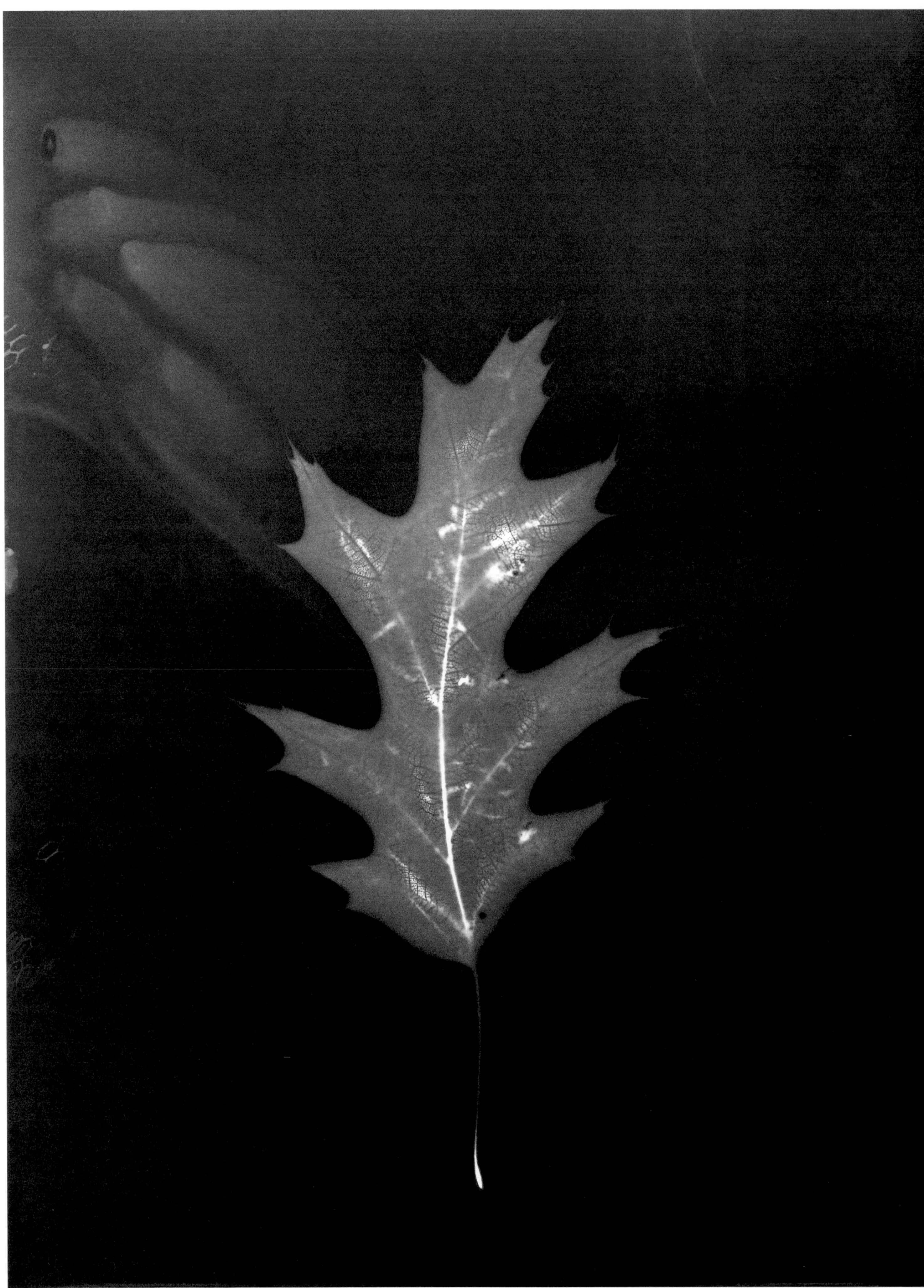

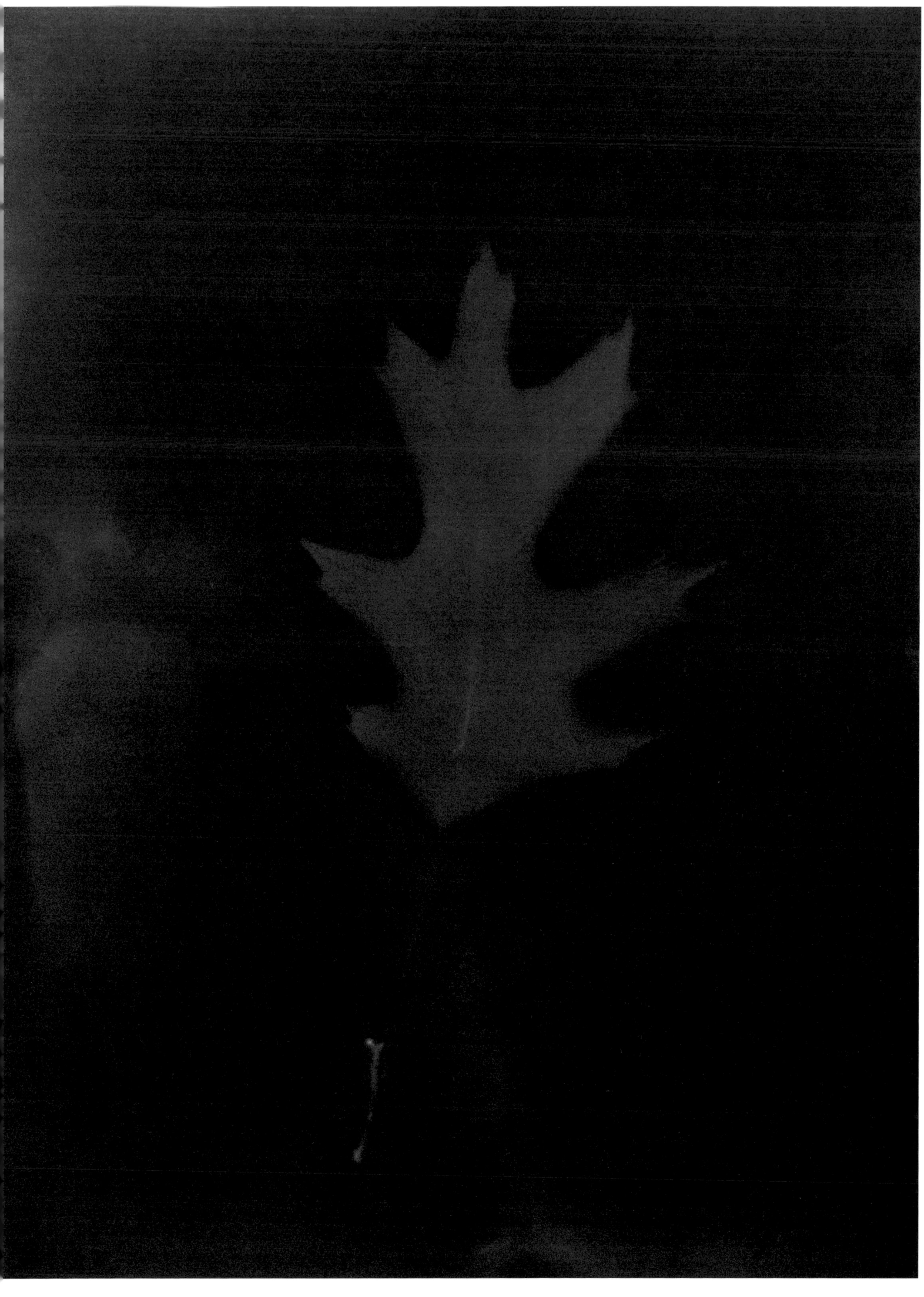

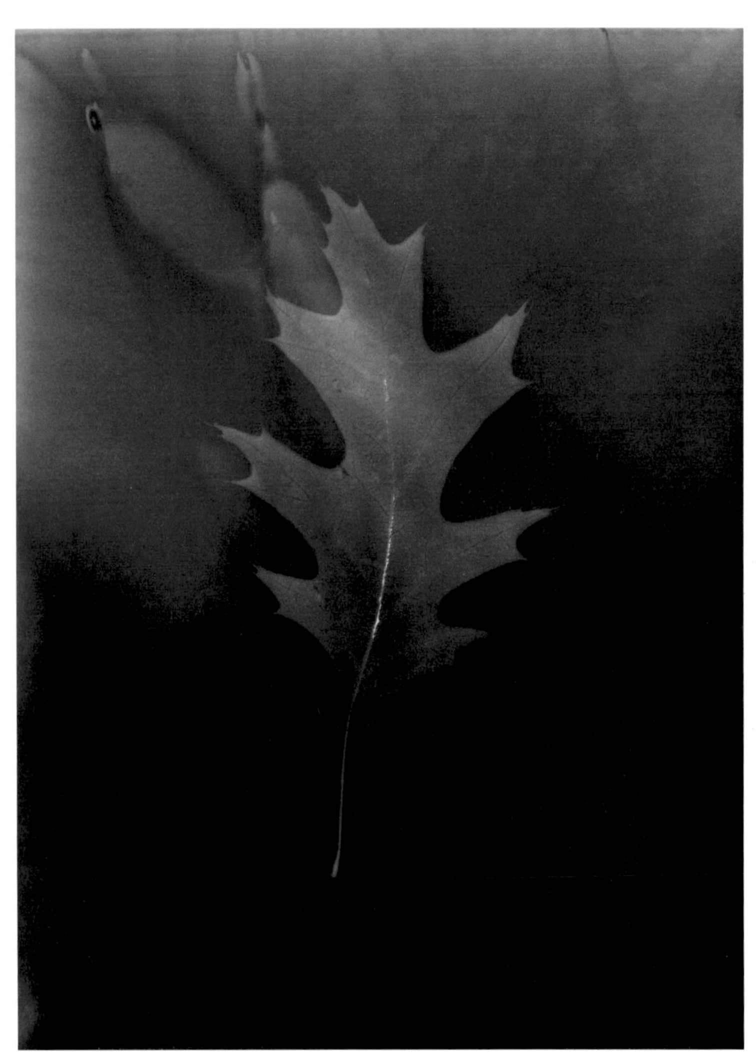
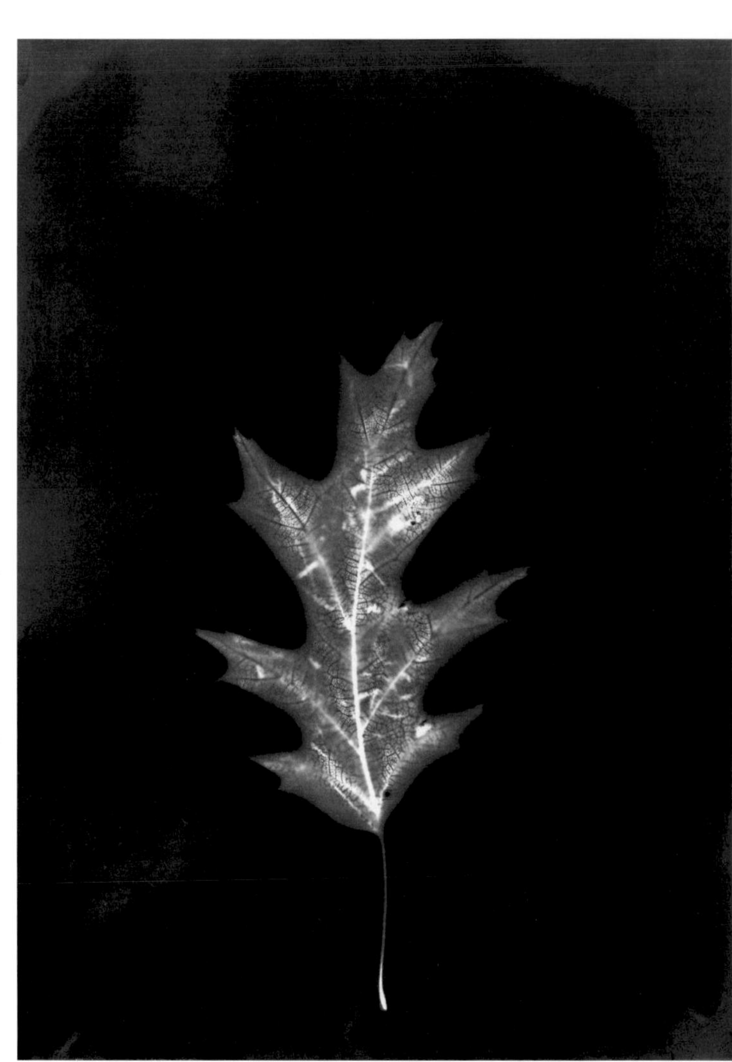

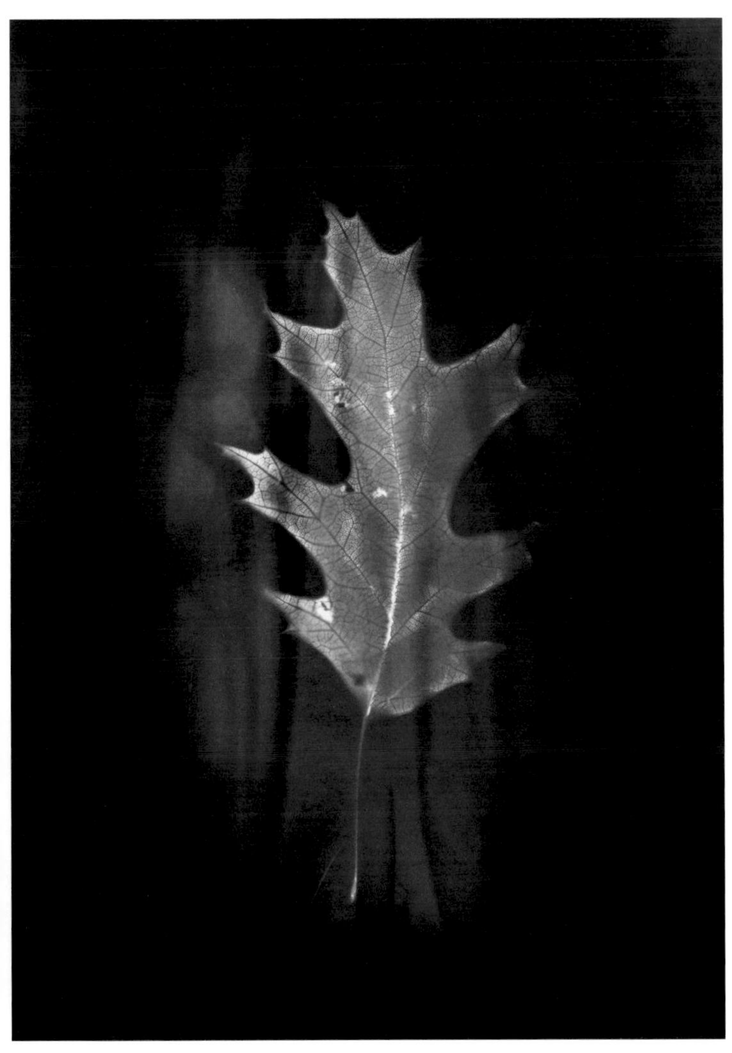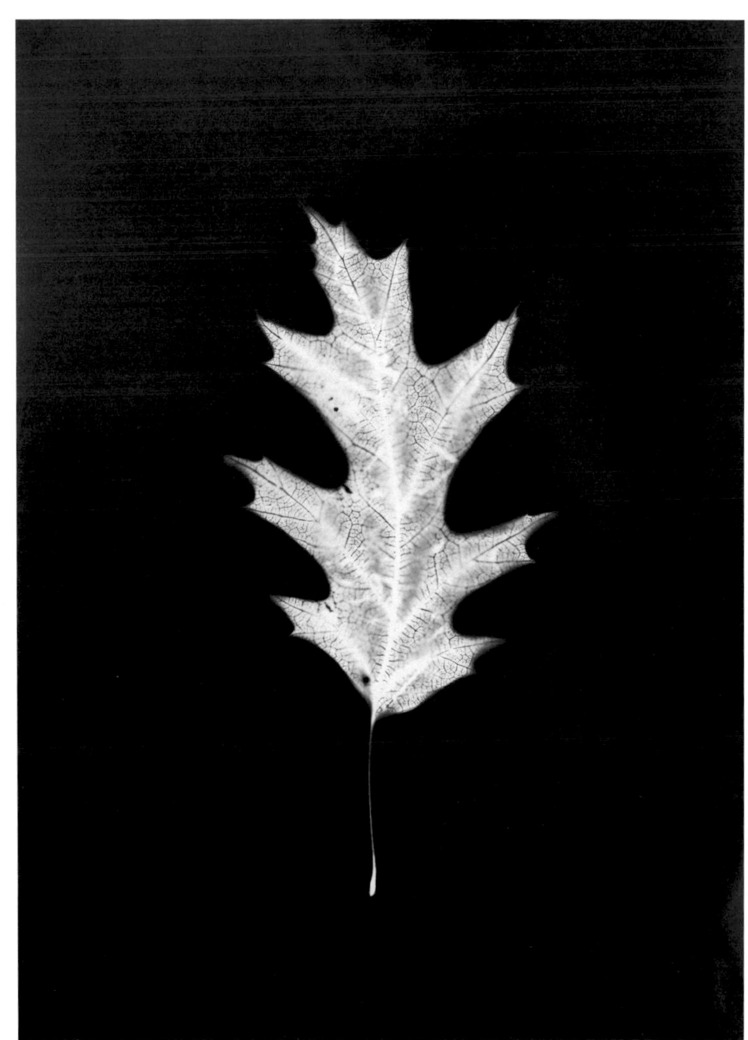

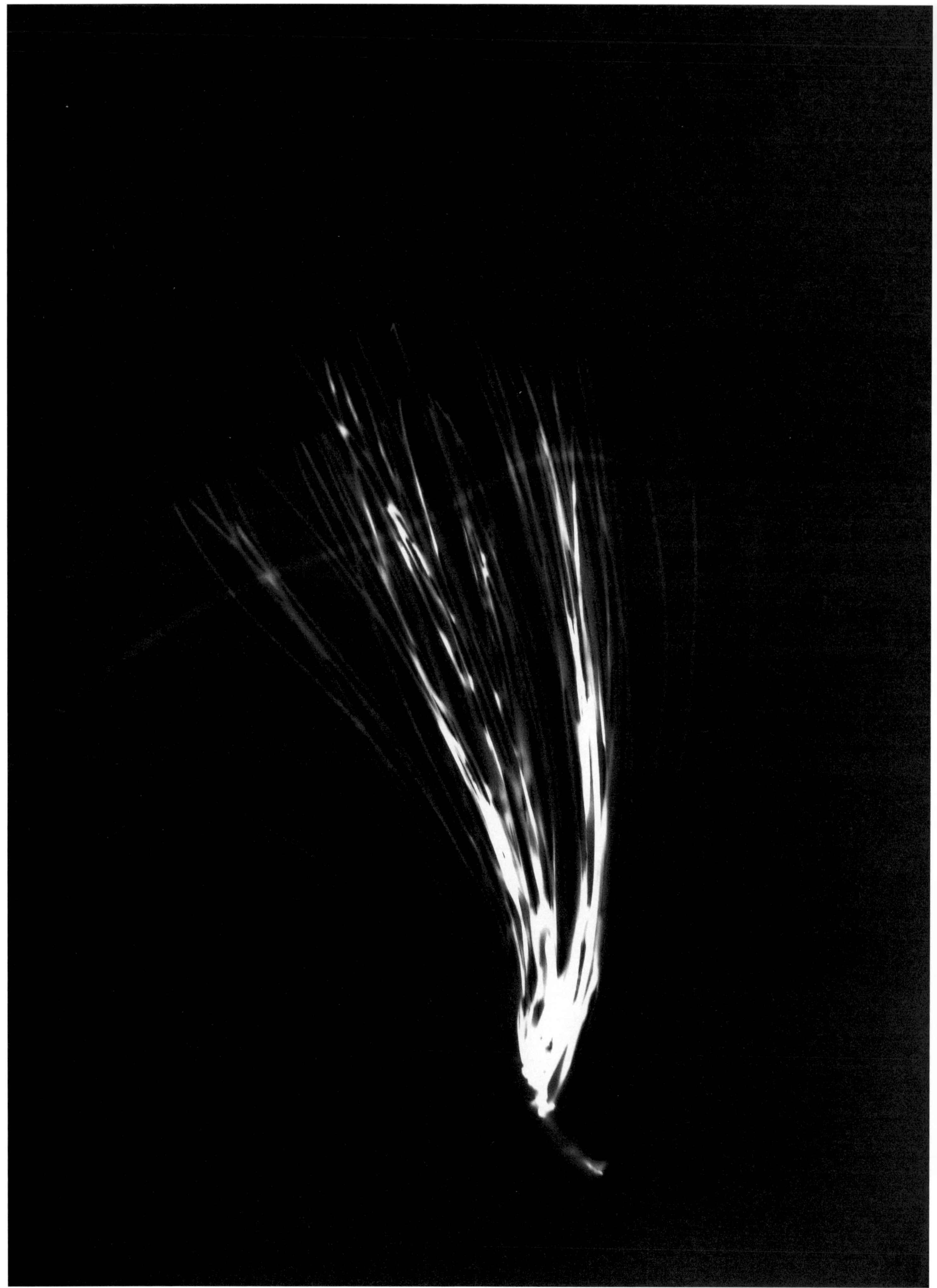

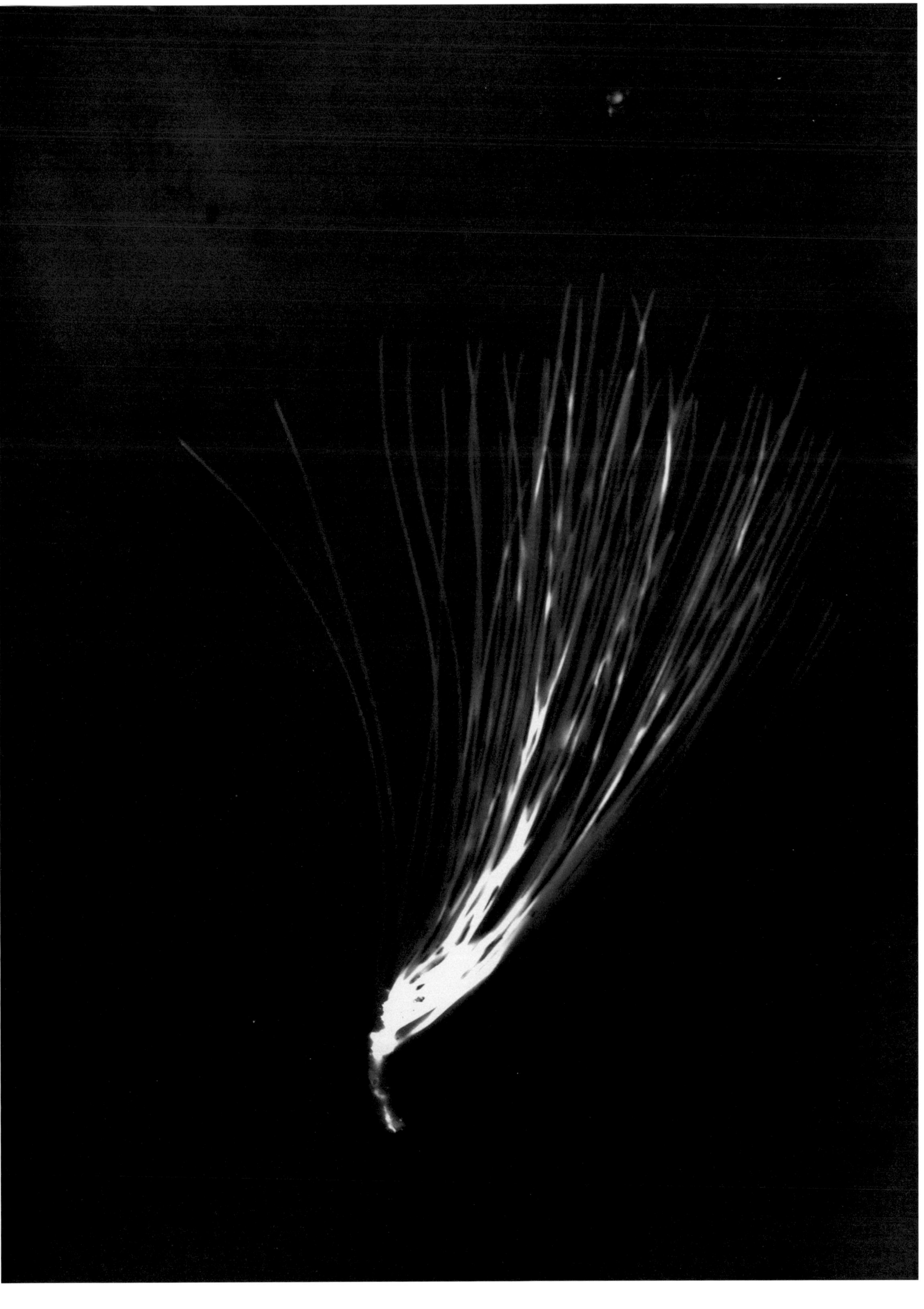

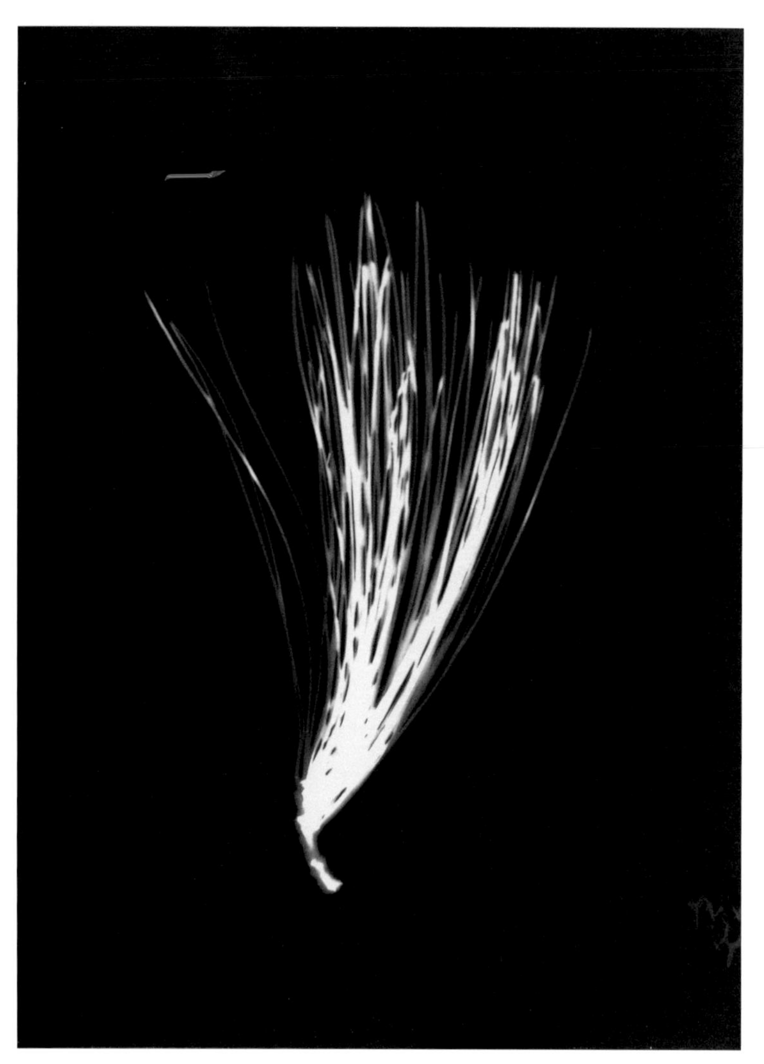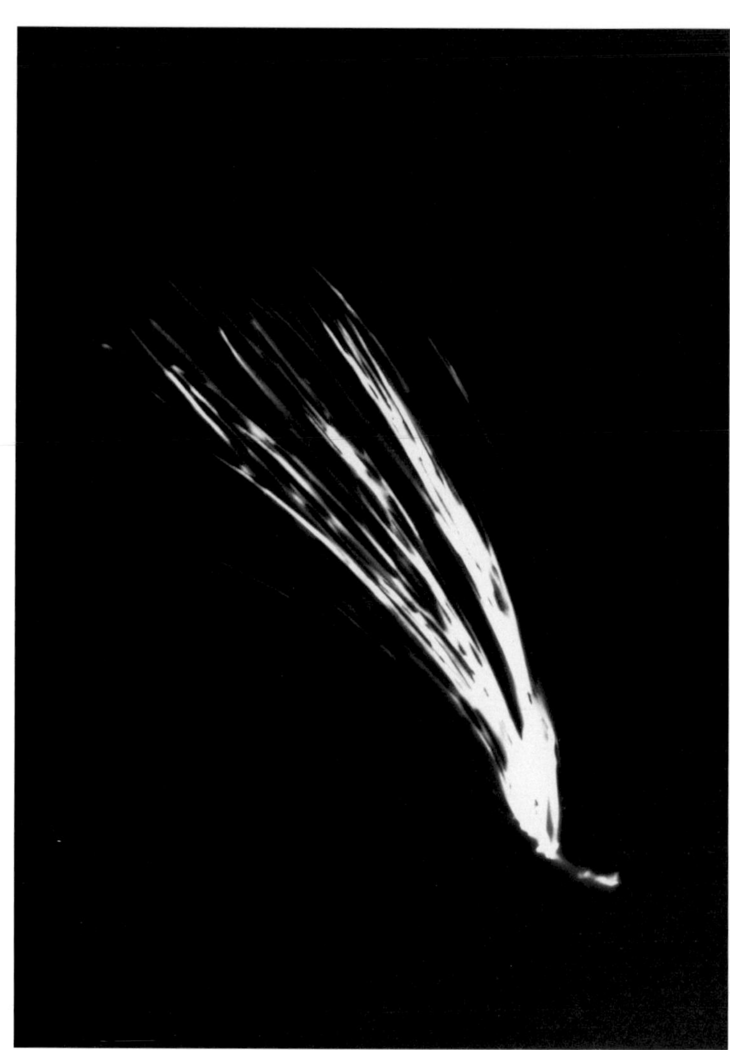

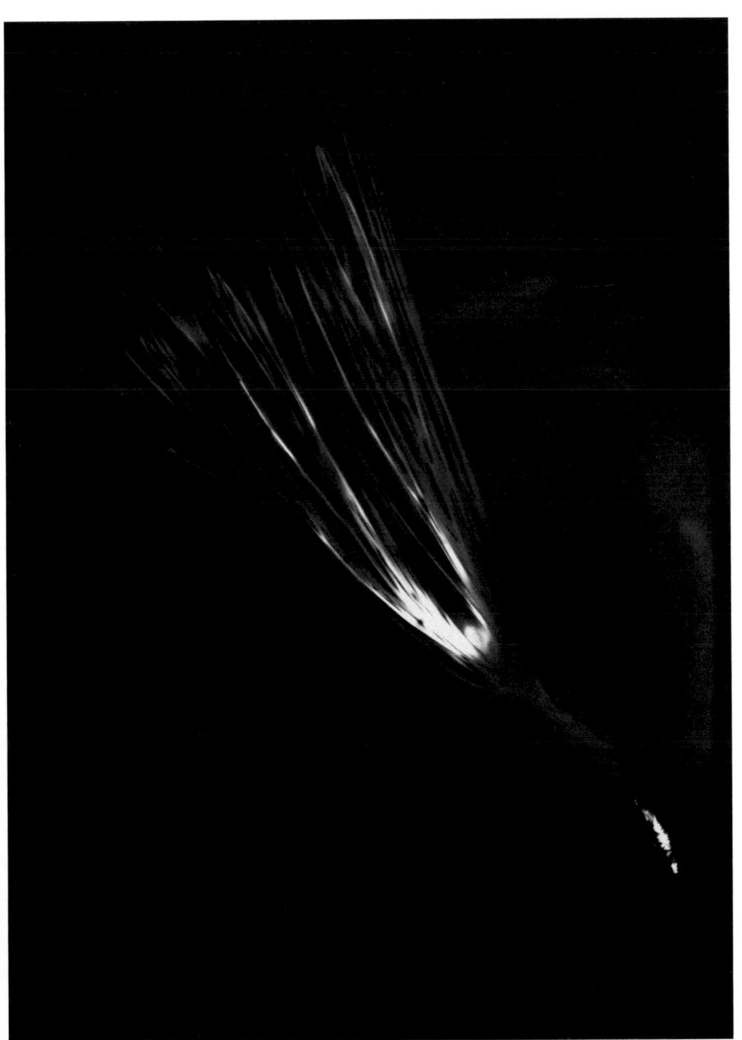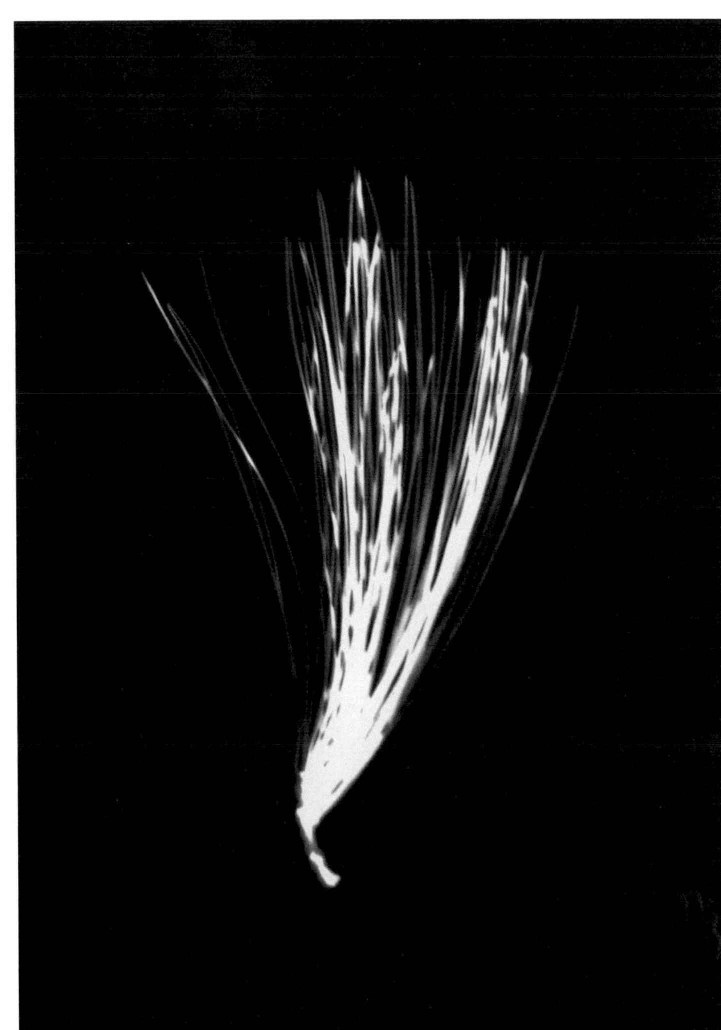

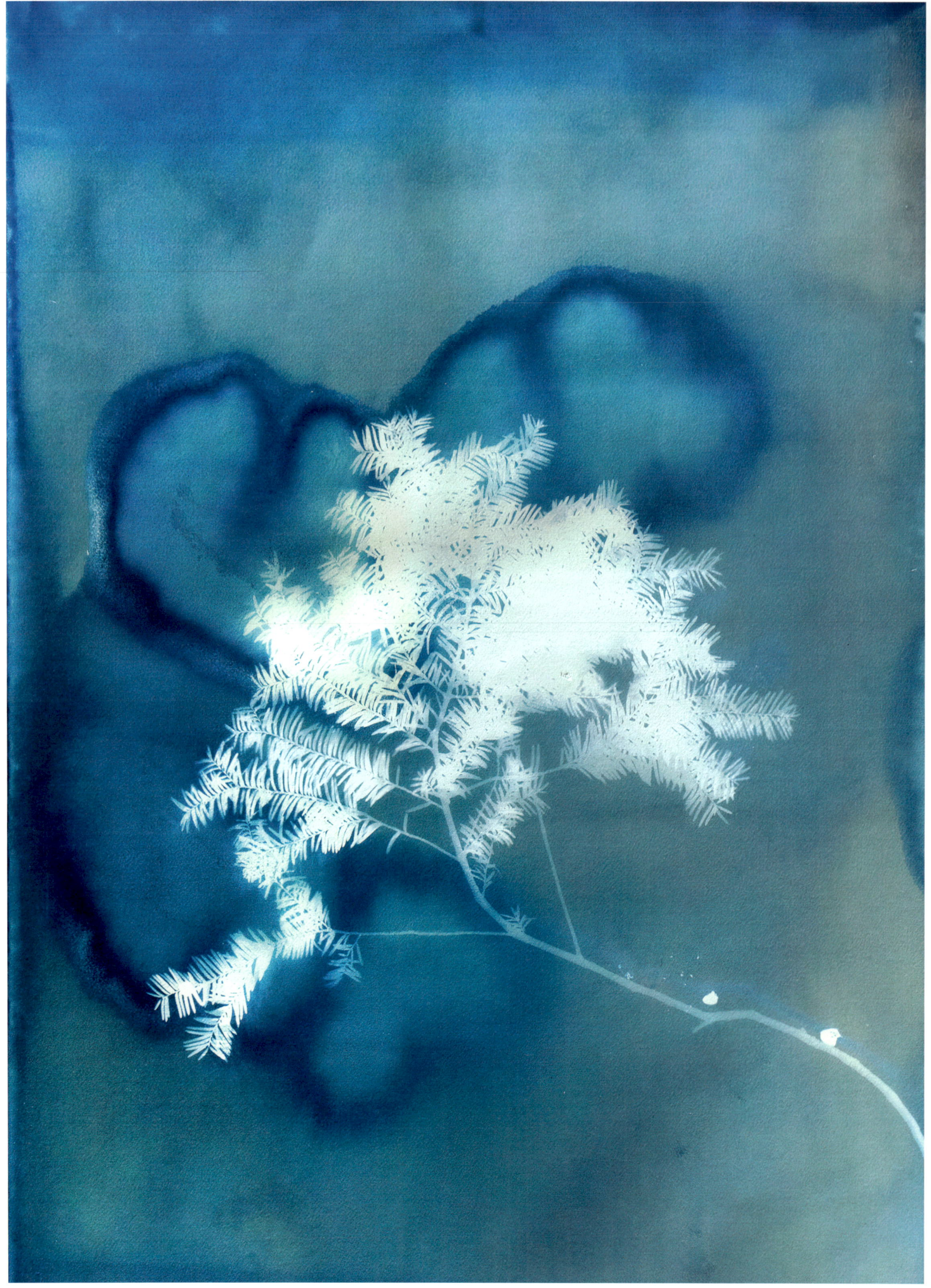

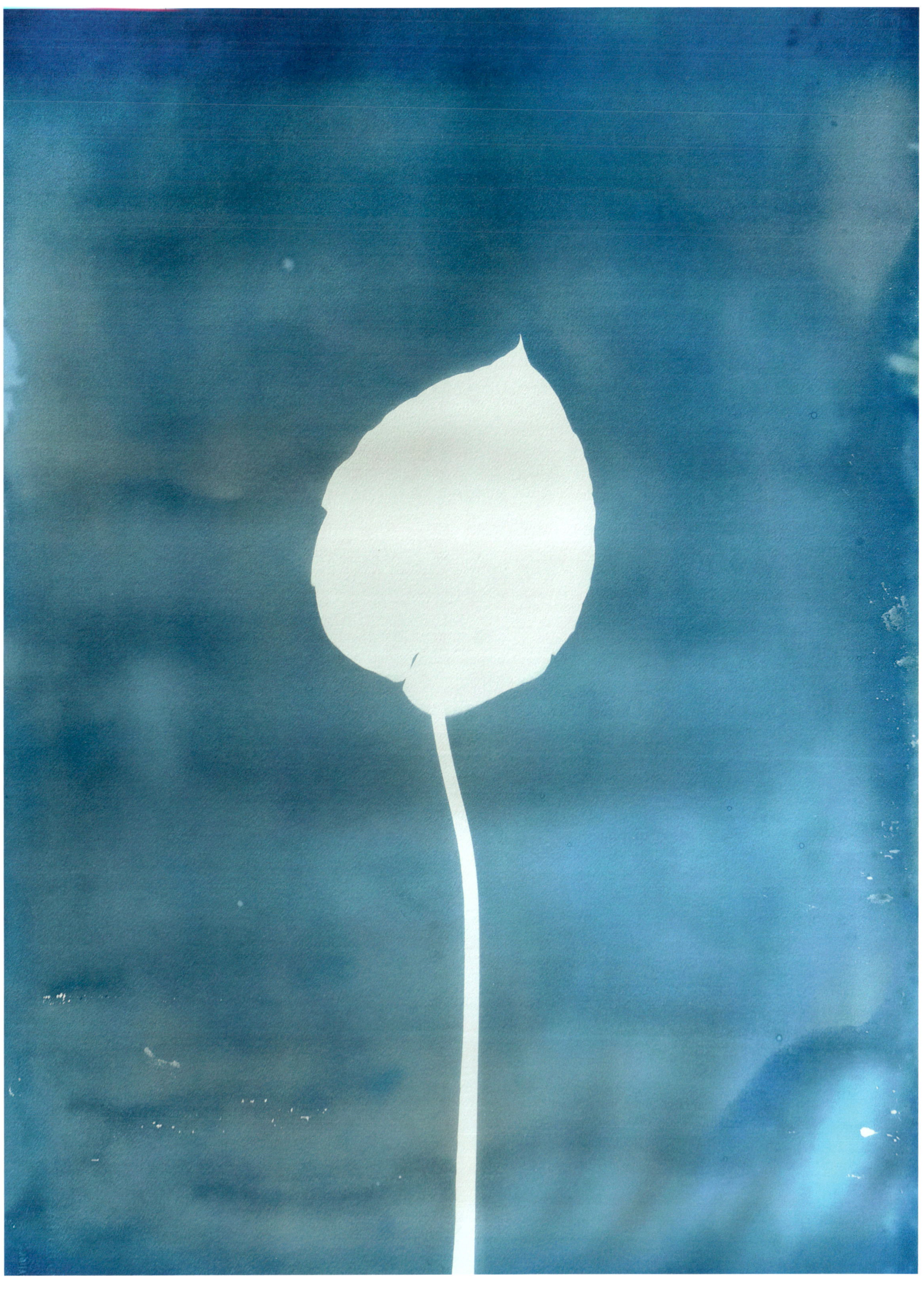

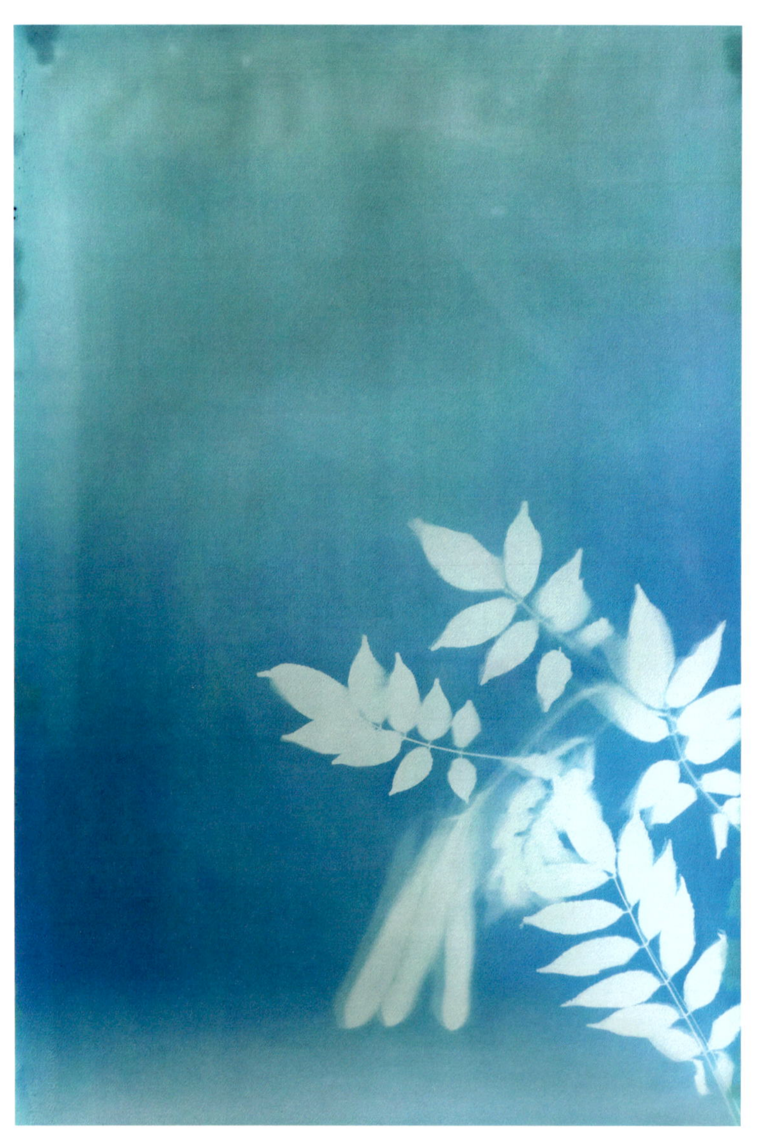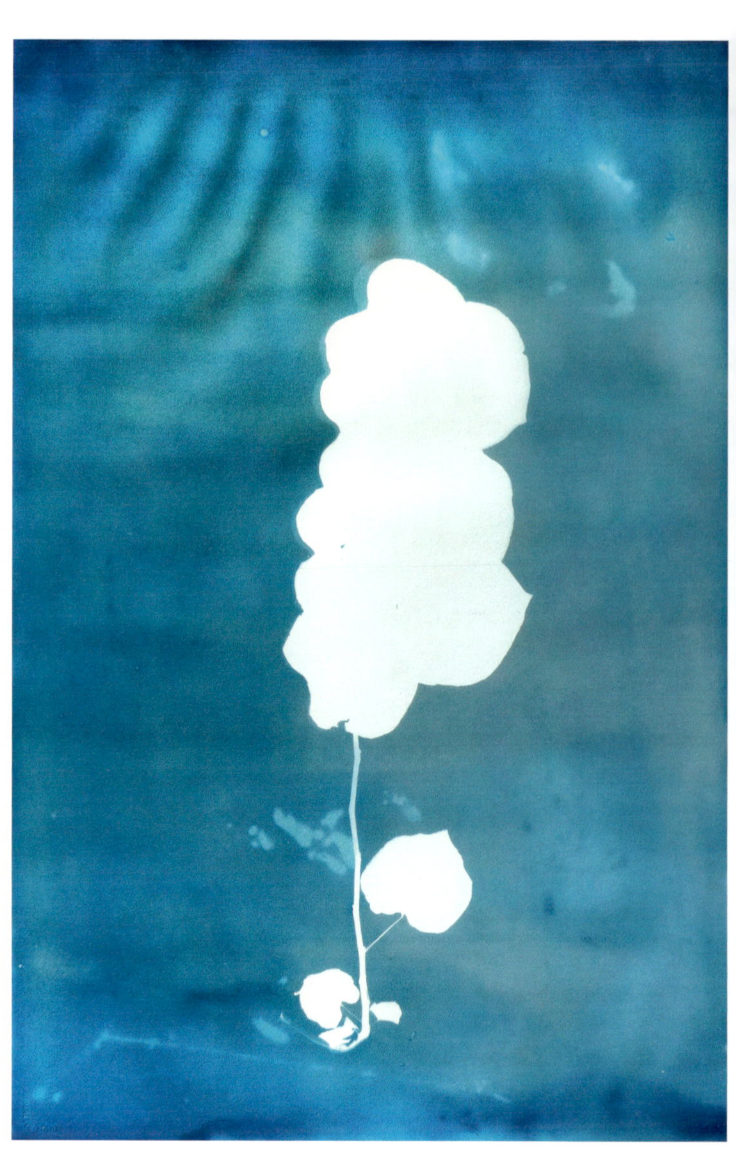

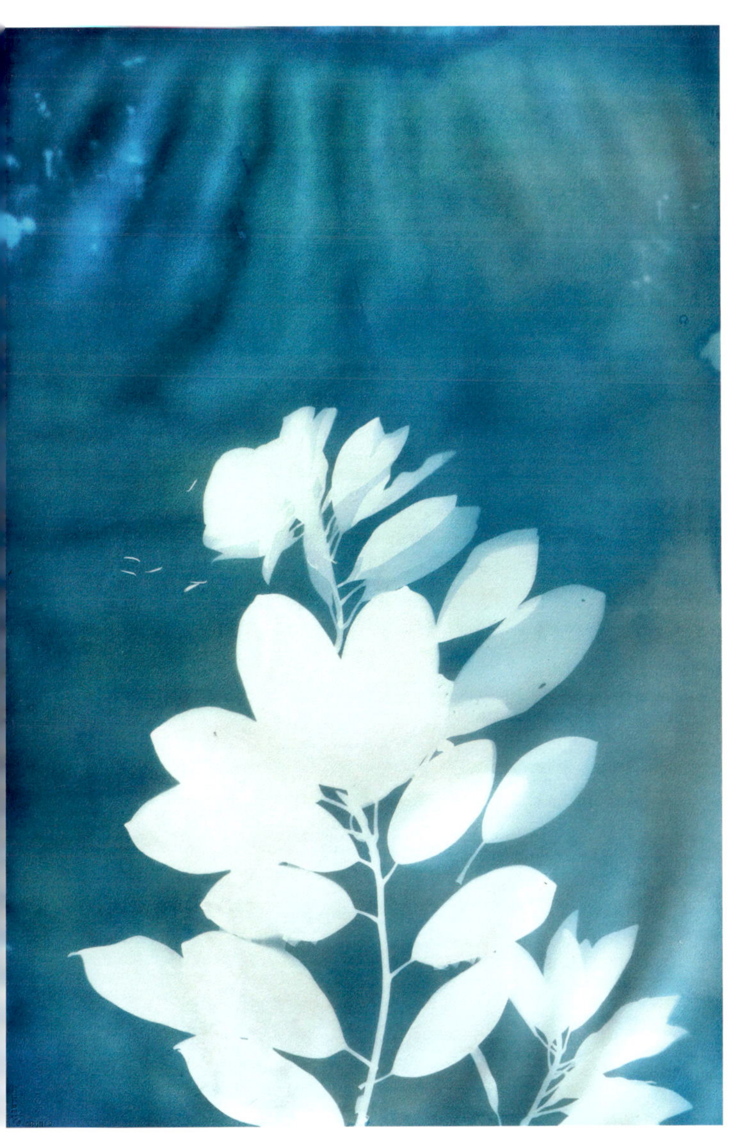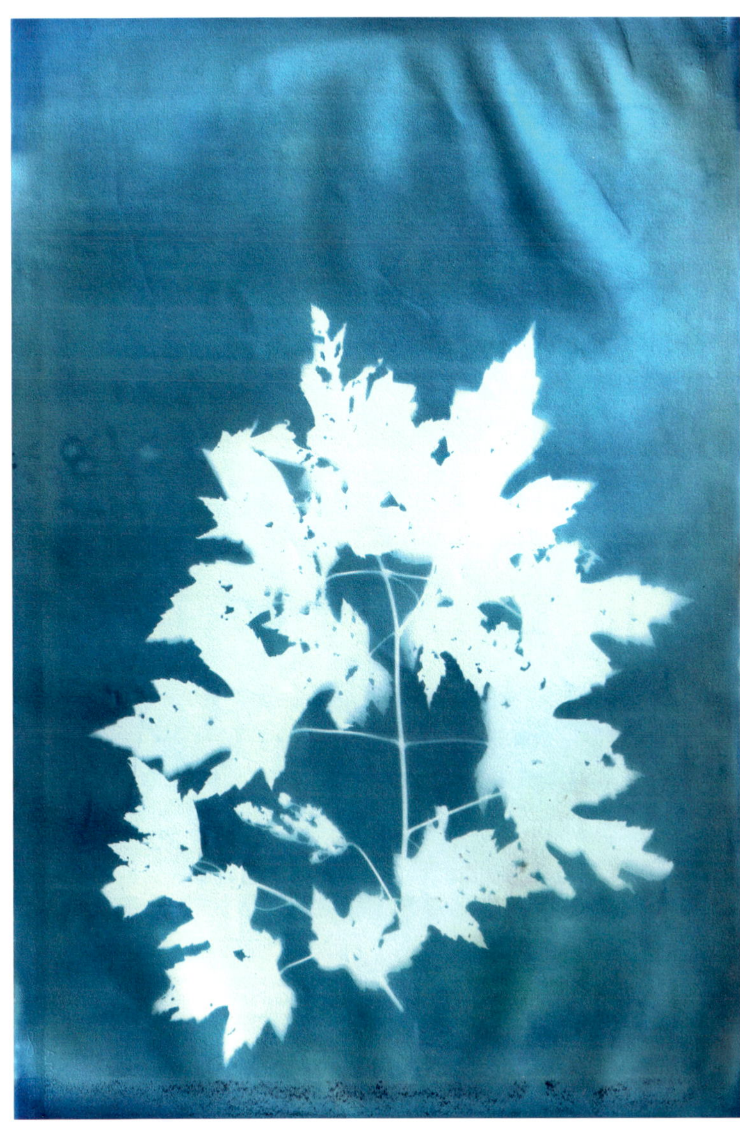

pp. 68-71: Northern red oak / *Quercus rubra*: Union Station
Stills on silver gelatin B&W paper / Fotogramas sobre papel
B&N de gelatina de plata
7 × 9$^{15/16}$ in / 17,8 × 24 cm
2023

pp. 72-75: Pine: Arlington Cemetery / Pino: Cementerio
de Arlington
Stills on silver gelatin B&W paper / Fotogramas sobre
papel B&N de gelatina de plata
4$^{1/8}$ × 5$^{7/8}$ in / 10,5 × 14,8 cm
2023

p. 76: Willow oak and English yew or common yew: The Capitol /
Quercus phellos y *Taxus baccata*: Capitolio
p. 77: *Viburnum plicatum tomentosum*: Dumbarton Oaks
p. 78 (left /izda): White ash tree or *Fraxinus americana* / Fresno
blanco americano o *Fraxinus americana*: Dumbarton Oaks
p. 78 (right / dcha): Redbud or *Cercis canadensis* / Ciclamor del
Canadá o *Cercis canadensis*: Dumbarton Oaks
p. 79 (left / izda): *Saucer magnolia*: Lafayette Square.
p. 79 (right / dcha): Amur maple or *Acer gimalia* / Arce de Amur
o *Acer gimalia*: National Arboretum & Arlington Cemetery /
Cementerio de Arlington
Cyanotypes on cotton paper / Cianotipias sobre papel de algodón
40 × 26 in / 101,6 × 66 cm

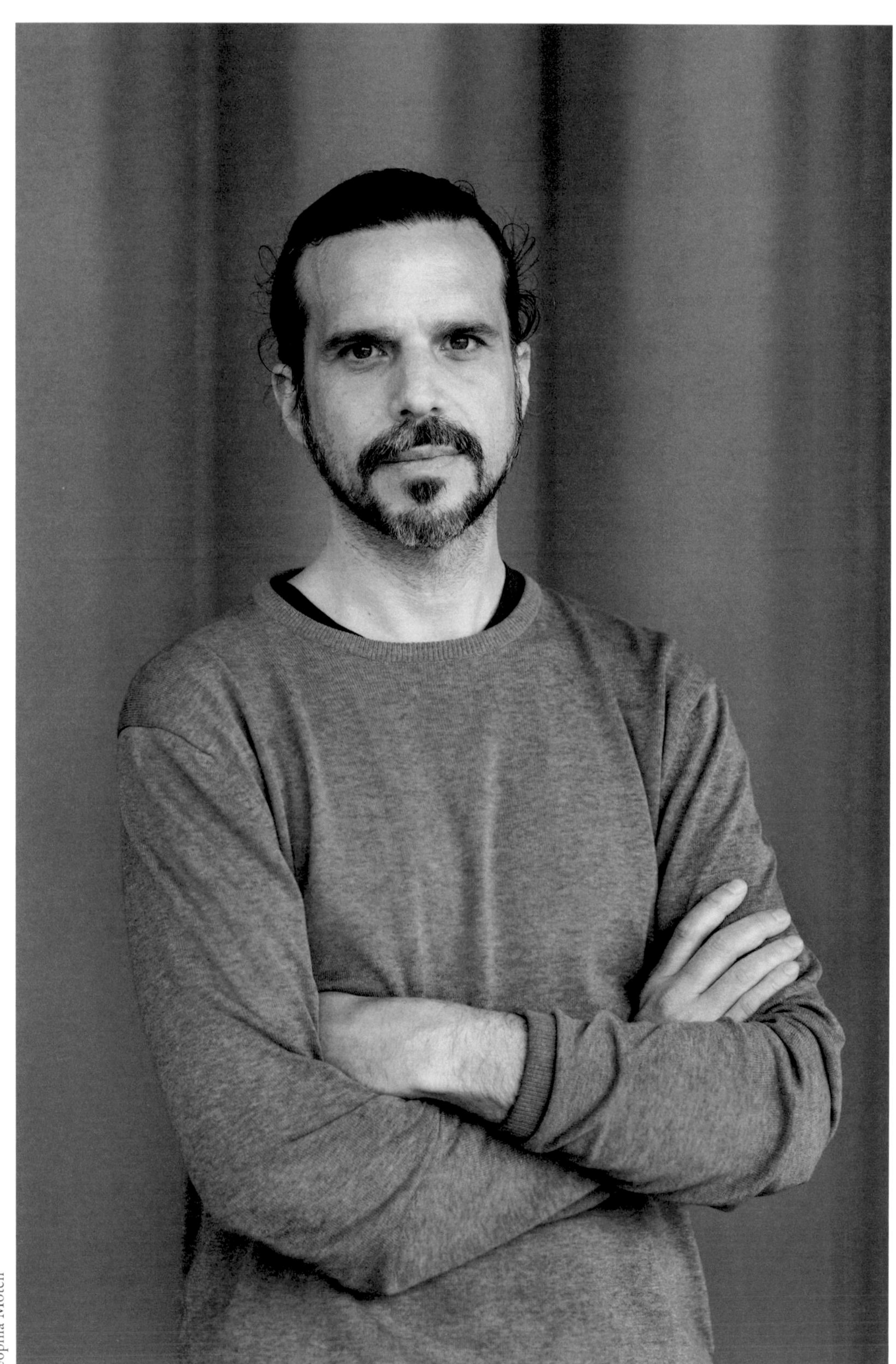

Washington, D.C. is a young capital that was founded in 1790 as a symbol for the equally new country. Its identity was largely constructed via major government buildings such as the White House and the Capitol, but also via various memorials and monuments.

Many of these icons depict historical figures or achievements that form part of the collective memory, but other monuments go unnoticed or are barely known. In both cases, this lack of attention can be due to ignorance on our part about the history surrounding them, difficulties associated with their construction, or the weight of the past borne by the figures represented therein. Some aspects have been hidden from view, while the sociopolitical contexts in which these monuments were created made it possible to celebrate viewpoints that are now extremely problematic.

Monuments have always given rise to controversy, and in our times there are various movements in many countries demanding that they be interrogated, *recontextualized*, and, in some cases, removed altogether (for example, the Monument Lab in the USA and Uncomfortable Monuments in Chile). In Spain, we have spent decades trying to approach our own memory from the standpoint of historical reparation, involving a review of the Franco-era monuments that still spark controversy, but there has been a reluctance to confront other ineluctable historical topics such as colonialism, which other neighboring countries are indeed grappling with.

This project delves into this background, as the stories around these monuments and the controversies they arouse today prompt us to study their contexts more closely and observe them with a critical, historical, and political gaze.

Washington D. C. es una capital de corta edad, creada en 1790 con la función de ser y representar un símbolo para un país también joven. La construcción de esta identidad se realizó, en gran parte, a través de importantes edificios gubernamentales, como la Casa Blanca o el Capitolio, pero también a través de memoriales y monumentos.

Muchos de estos iconos representan a personajes o hitos históricos instalados en el imaginario popular; otros monumentos pasan más desapercibidos o ignorados. Pero, tanto en uno como en otro caso, poco o nada sabemos de la historia que encierran, ya sea por diversas vicisitudes en su construcción o debido al propio peso del pasado, que cae sobre los personajes que representan. Algunos elementos que se resisten a salir a la luz o los contextos sociopolíticos en que fueron creados permiten abordar cuestiones que hoy en día son extremadamente delicadas.

Las controversias que rodean a los monumentos existen desde su misma creación, y en actualidad diversos movimientos en diferentes países reivindican el cuestionamiento y *recontextualización* o la retirada de ciertos monumentos, como Monument Lab en Estados Unidos o Monumentos incómodos en Chile. En España llevamos décadas tratando de lidiar con nuestra propia memoria desde una perspectiva de reparación histórica, con la revisión de monumentos franquistas que todavía suscita polémica y sin haber confrontado aún perspectivas históricas imprescindibles como el colonialismo, que otros países a nuestro alrededor sí están trabajando.

Este proyecto indaga en ese *background*, en las historias que los monumentos encierran y en las polémicas que suscitan en el presente, incitándonos a conocer mejor sus contextos para poder proyectar una mirada crítica, histórica y política.

NICOLÁS COMBARRO

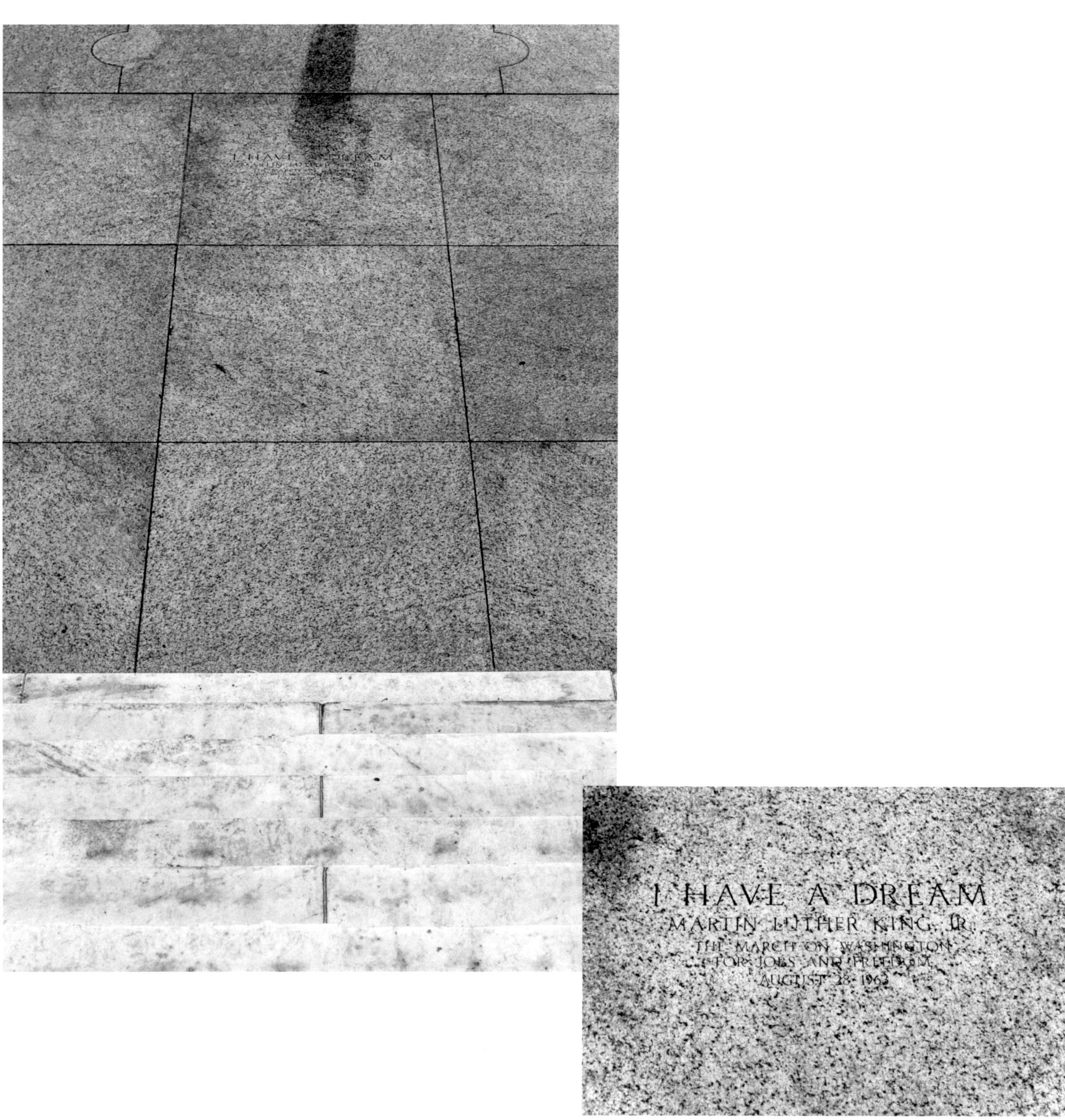

Inscription: "I have a dream." Dr. Martin Luther King Jr.

Eighteen steps away from the Lincoln Memorial, an inscription marks the spot where Dr. Martin Luther King Jr. delivered his "I have a dream" speech in 1963. The carved stone was laid in 2003 to commemorate the 40th anniversary of that speech, in which he evoked the emancipation of the slaves and the "shameful condition" of segregation still prevailing in the United States one hundred years after the Civil War. The speech was the climax of the March on Washington for Jobs and Freedom, which was a decisive moment for the civil rights movement as it helped apply pressure on lawmakers to pass the civil rights Act in 1964 and the Voting Rights Act in 1965.

Inscripción «I have a dream». Dr. Martin Luther King Jr.

A dieciocho escalones del monumento a Lincoln, una inscripción señala el lugar donde el Dr. Martin Luther King Jr. pronunció su discurso «Tengo un sueño» en 1963. La piedra tallada se colocó en 2003 para conmemorar el 40 aniversario de aquel discurso, en el que evocó la emancipación de los esclavos y la «vergonzosa condición» de la segregación que aún prevalecía en EE. UU. cien años después de la Guerra Civil. El discurso fue el colofón de la marcha hacia Washington («The March on Washington for Jobs and Freedom»), la cual representó un momento decisivo para el movimiento por los derechos civiles, ya que contribuyó a presionar a los legisladores para que aprobaran la Ley de Derechos Civiles de 1964 y la Ley del Derecho al Voto de 1965.

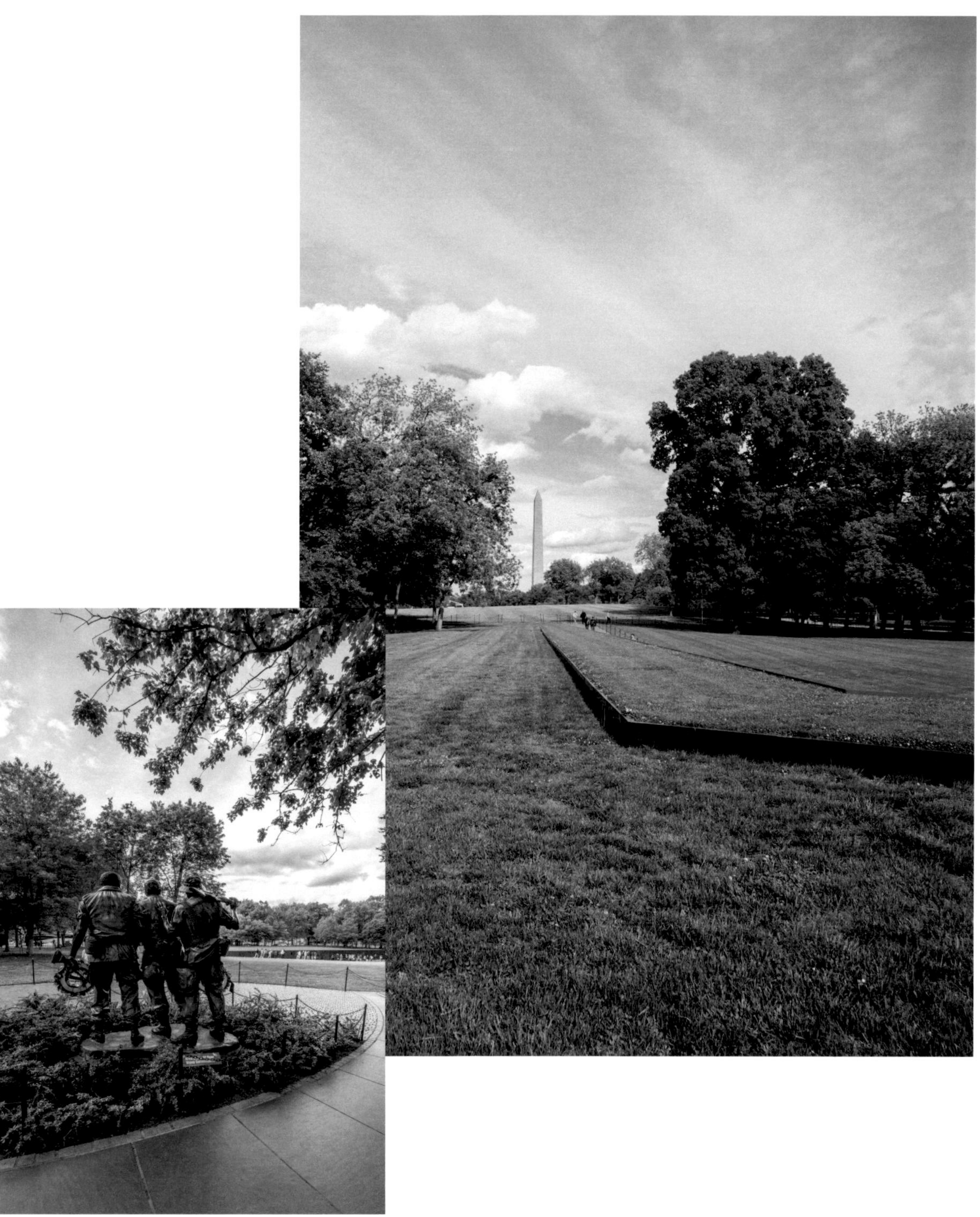

Vietnam Veterans Memorial

When this memorial was unveiled in 1982, its design by
Maya Lin (the winner of a public competition for the
commission) sparked various controversies due to its
minimalist style, its placement below ground level, and
the blackness of its granite, amongst other objections. Lin
herself, the child of Chinese migrants, was even subjected to
racist and misogynist attacks. Two years later, in an attempt
to dampen the controversy, a more "traditional" monument
depicting three armed soldiers was built opposite Lin's
memorial, after a design by the sculptor Frederick Hart. Maya
Lin received $20,000 for her design —while Hart charged a
fee of $330,000 for his.

Monumento a los veteranos de la Guerra de Vietnam

Inaugurado en 1982, el diseño de Maya Lin, ganadora del
concurso público para la creación del memorial, generó
diferentes controversias por su estilo minimalista, por el hecho
de que fuese una estructura excavada en el suelo o por el color
negro del granito, entre otras apreciaciones negativas. Incluso
Lin, hija de emigrantes chinos, fue víctima de ataques de
racismo y misoginia. Dos años después, con la intención de
apagar la controversia, una escultura más «tradicional», que
representa a tres soldados armados, fue construida a partir
del diseño del escultor Frederick Hart frente al monumento
original. Maya Lin recibió 20 000 dólares por su diseño.
Frederick Heart pidió 330 000 en concepto de honorarios.

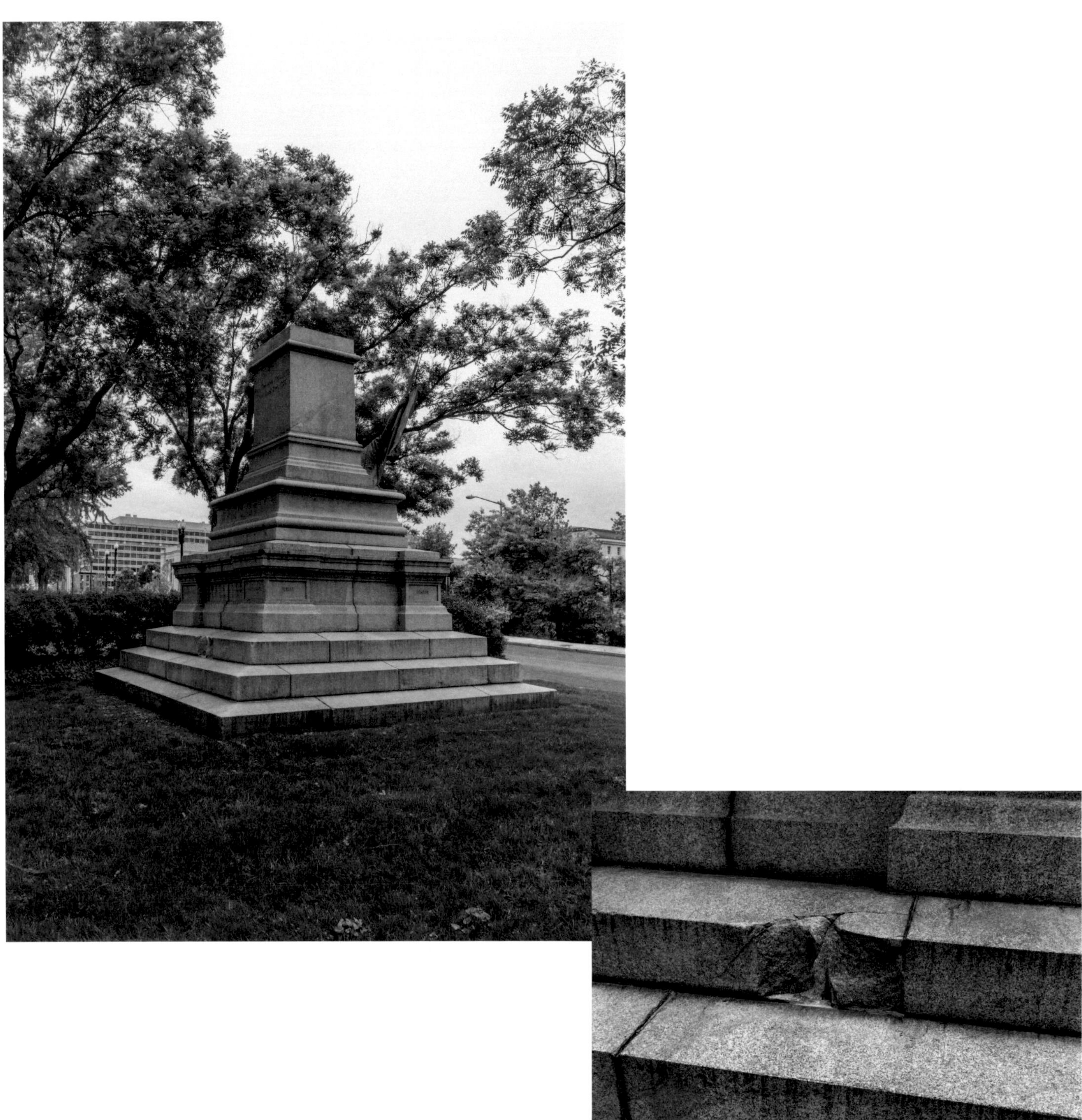

Pike was a Confederate General who was accused of treason by both sides in the American Civil War. He defended slavery and was a member of the xenophobic Know-Nothing American Party and, allegedly, the Klu Klux Klan. His statue was unveiled in 1901, on the same spot where the pedestal now stands, but the approval for its construction had already sparked opposition from the GAR, an association of Unionist veterans. There have been various campaigns for its demolition since 1991, including petitions to the US Congress in 2017 and 2019. In June 2020, the sculpture was knocked down and its pedestal was daubed with graffiti by activists from the Black Lives Matter protests.

Pedestal de la estatua de Albert Pike

Pike fue un general confederado acusado de traición por ambos bandos durante la Guerra de Secesión. Pro-esclavista, formó parte del partido xenófobo Know-Nothing American Party y se presume que fue miembro de Klu Klux Klan. Su escultura fue instalada en 1901 en la localización donde todavía se encuentra su pedestal. Desde el momento en que fue aprobada su construcción, generó un debate en las asociaciones de veteranos unionistas (GAR). A partir de 1991, se han emprendido diferentes iniciativas reclamando su demolición, que llegan hasta las más recientes peticiones, realizadas ante el Congreso de los Estados Unidos en 2017 y 2019. En junio de 2020, durante diferentes actos de protesta dentro de las acciones del Black Lives Matter, la escultura fue derribada por activistas y su pedestal grafiteado.

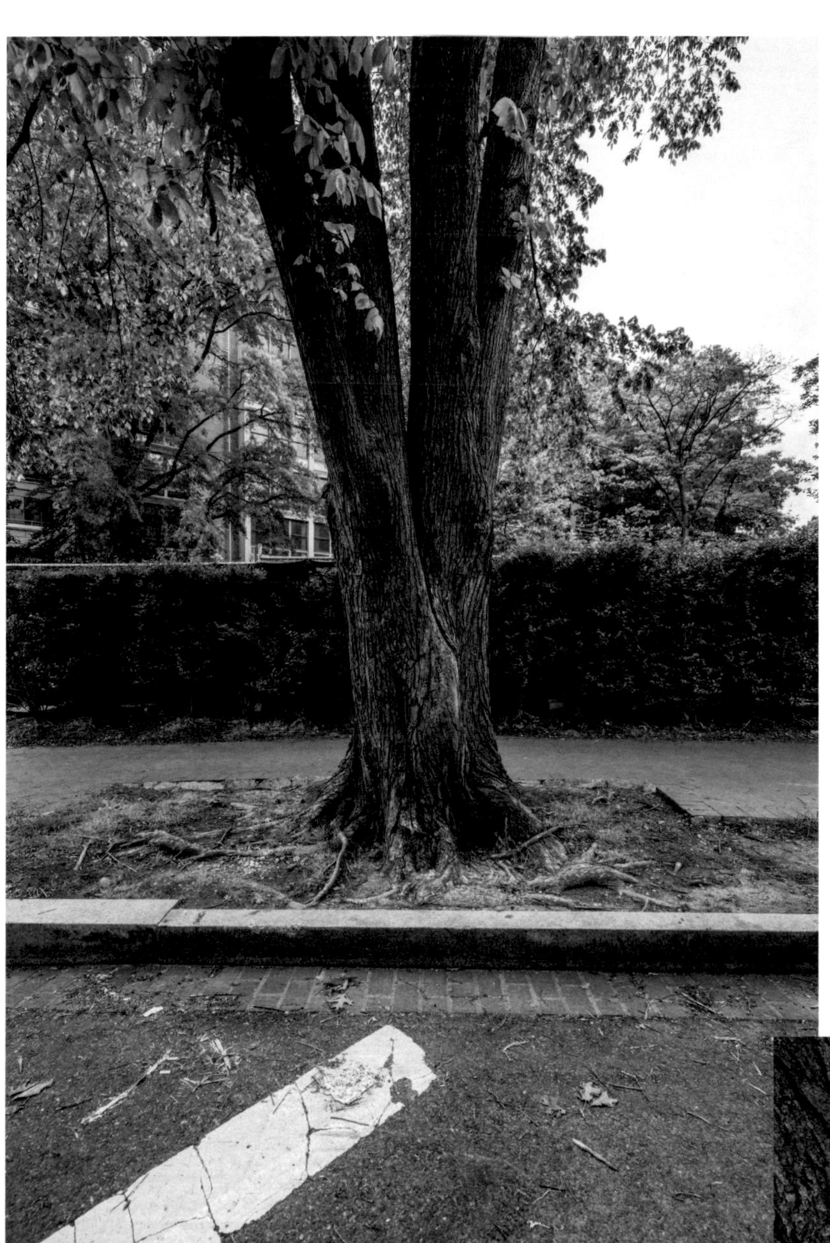

Democracy Tree

The plaque at the base of the tree bears the following text: "This tree is dedicated to the more than half million veterans, taxes, and citizens of the District of Columbia who, despite fighting in foreign wars, paying their full measures of taxes and faithfully serving their country, continue to have no voting representation in the Congress of the United States of America. Taxation without Representation is Tyranny." The plaque was installed by the Foundry Democracy Project, which seeks to educate the federal government and the general public about the need to provide the people of the District of Columbia with the right to vote in Congress.

Árbol de la democracia

La placa situada en la base del árbol contiene el siguiente texto: «Este árbol está dedicado al más de medio millón de veteranos, contribuyentes y ciudadanos del Distrito de Columbia, quienes, a pesar de luchar en guerras extranjeras, pagar la totalidad de sus impuestos y servir fielmente a su país, continúan sin tener derecho de voto en el Congreso de los Estados Unidos de América. La tributación sin representación es tiranía». Esta placa fue instalada en el marco del Foundry Democracy Project, que pretende educar al gobierno federal y al público en general sobre la necesidad moral de proporcionar representación con derecho a voto en el Congreso al pueblo del distrito de Columbia.

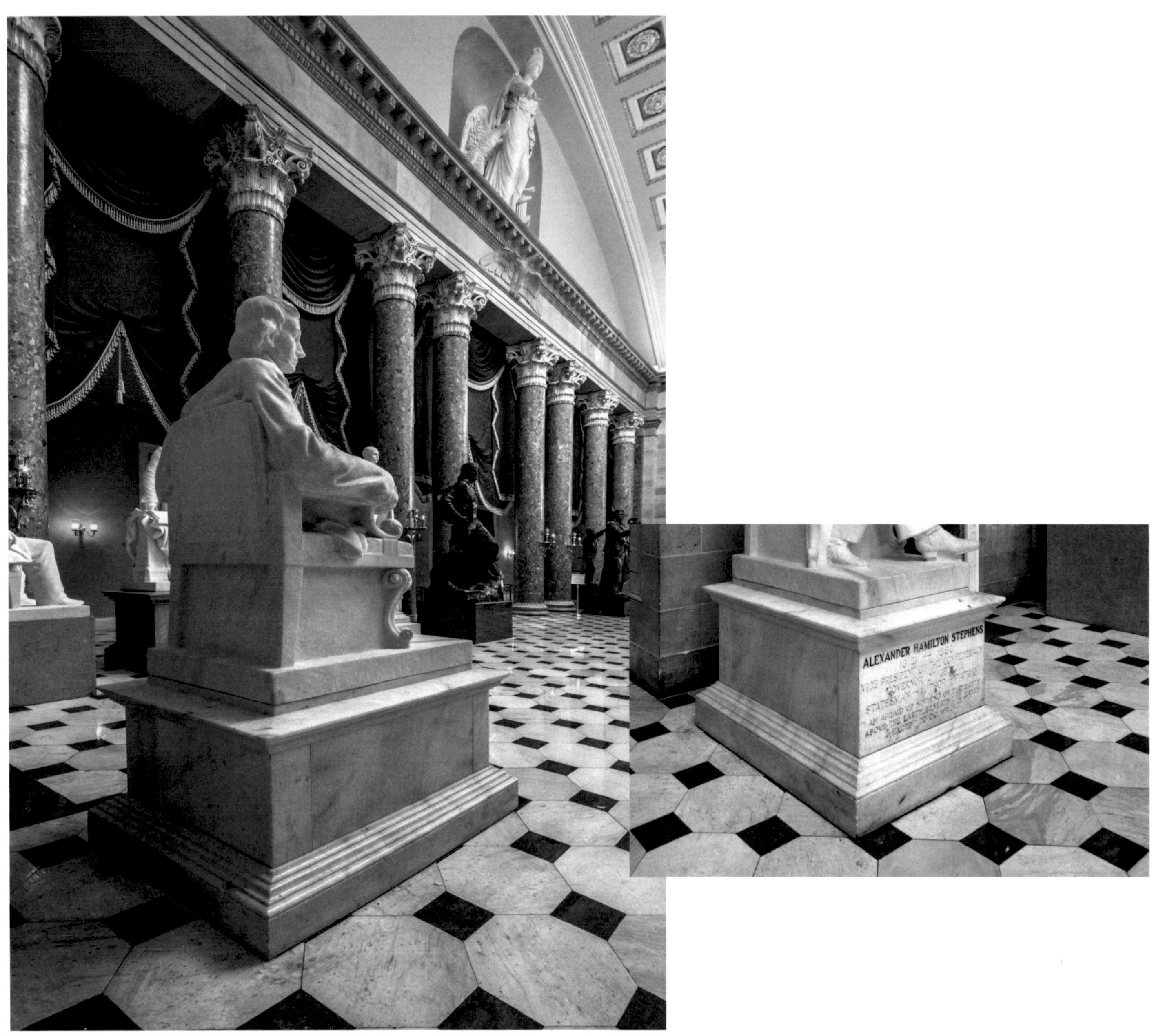

Statue of Alexander Stephens

In June 2020, the Speaker of the US House of Representatives, Nancy Pelosi, called for the removal from the Capitol of eleven statues of Confederate officials who opposed the abolition of slavery. Some of these statues have been placed elsewhere, but the majority remain exactly where they were —including that of Alexander Stephens, the vice-president of the Confederate states responsible for declarations such as: "Our new Government is founded upon exactly the opposite ideas; its foundations are laid, its cornerstone rests, upon the great truth that the negro is not equal to the white man; that slavery, subordination to the superior race, is his natural and normal condition." As Pelosi explained: "While I believe it is imperative that we never forget our history lest we repeat it, I also believe that there is no room for celebrating the violent bigotry of the men of the Confederacy in the hallowed halls of the United States Capitol or places of honor across the country." Pelosi's proposal was supported by Representative Zoe Lofgren, a member of the House Committee responsible for the National Statuary Hall Collection: "The Capitol building belongs to the American people and cannot serve as a place of honor for the hate and racism that tears at the fabric of our nation, the very poison that these statues embody."

Estatua de Alexander Stephens

En junio de 2020, la presidenta de la Cámara Baja de Estados Unidos, Nancy Pelosi, exigió que se retirasen del Capitolio once estatuas de confederados que se oponían al fin de la esclavitud. En la actualidad algunas de estas estatuas han sido reubicadas, pero la mayoría sigue en su mismo lugar, entre ellas, la dedicada a Alexander Stephens, vicepresidente confederado y autor de esta cita: «Nuestro nuevo gobierno está fundado exactamente sobre ideas opuestas; sus cimientos están puestos, su piedra angular descansa, sobre la gran verdad de que el negro no es igual al hombre blanco; que la esclavitud, la subordinación a la raza superior, es su condición natural y normal». En palabras de Pelosi: «Si bien creo que es imperativo que nunca olvidemos nuestra historia para no repetirla, también creo que no hay lugar para celebrar la intolerancia violenta de los hombres de la Confederación en los salones del Capitolio de los Estados Unidos o en lugares de honor en todo el paíspaís». Zoe Lofgren, miembro de la Comisión de la Cámara de Representantes responsable de la National Statuary Hall Collection, abundó en la misma idea: «El edificio del Capitolio pertenece al pueblo estadounidense y no puede servir como lugar de honor para el odio y el racismo que desgarran el tejido de nuestra nación, el mismo veneno que encarnan estas estatuas».

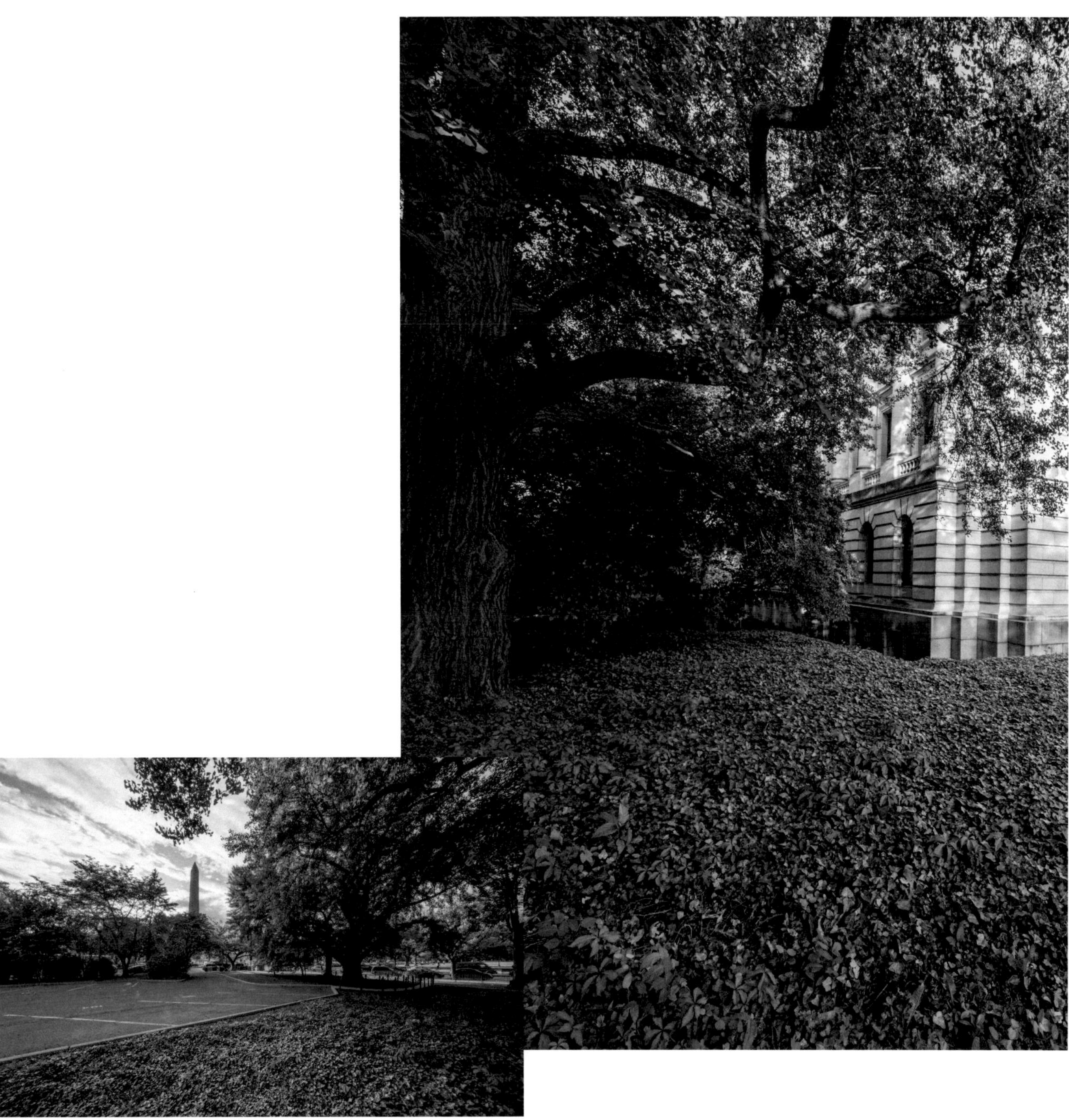

National Liberty Memorial

On September 26, 2014, President Barack Obama signed legislation granting permission to put up a National Liberty Memorial on the National Mall, alongside the Department of Agriculture Building. This commemorative monument would pay homage to the 5,000–10,000 enslaved and free individuals of African descent who provided assistance to the cause of Independence by enlisting as volunteer soldiers and sailors in the American Revolutionary War. Tens of thousands of slaves fled toward liberty, and men, women, and children demanded their freedom in State courts and legislatures. At the time of writing, the monument has not yet been erected and its location is still under discussion.

National Liberty Memorial

El 26 de septiembre de 2014, el presidente Barack Obama firmó la ley que permitía colocar el National Liberty Memorial en el National Mall, en un emplazamiento junto al edificio del Departamento de Agricultura. Se trata de un monumento conmemorativo que rendirá homenaje a entre 5 000 y 10 000 estadounidenses esclavizados y personas libres de ascendencia africana que se ofrecieron como voluntarios para servir como soldados y marineros durante la Revolución Americana. Esclavos y personas libres que prestaron ayuda civil a la causa de la Independencia. Decenas de miles de esclavos que huyeron hacia la libertad; y hombres, mujeres y niños que solicitaron la libertad a los tribunales y legislaturas estatales. El monumento no ha sido todavía erigido en 2023 y su emplazamiento sigue siendo objeto de discusión.

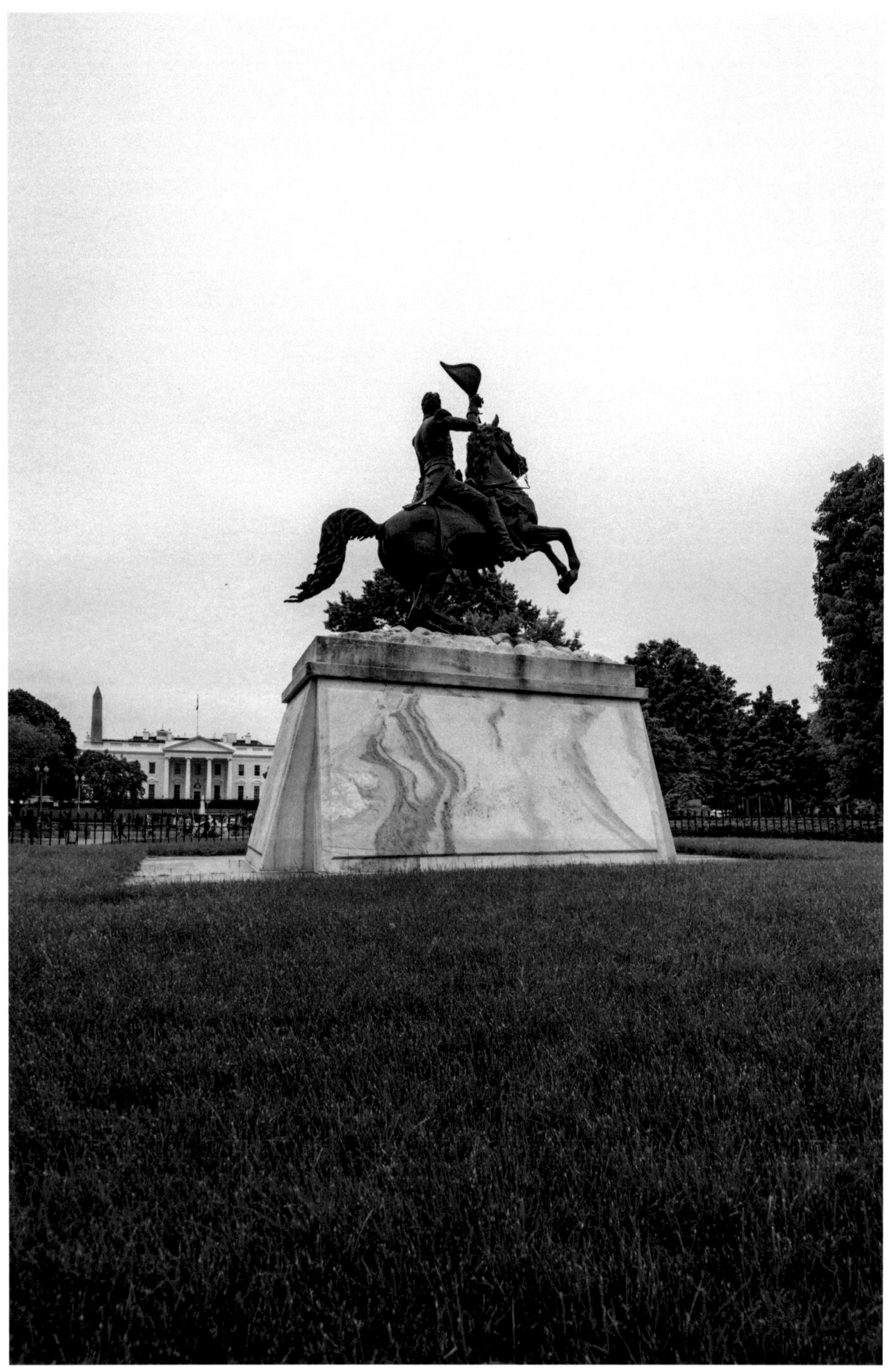

Equestrian statue of Andrew Jackson

Quotation from Congresswoman Eleanor Holmes Norton
(D-DC), February 24, 2021: "My bill to remove this statue
of an unabashed racist from Lafayette Park will be introduced
next week. Lafayette Park itself has a painful past as a slave
market. The statue of Andrew Jackson, who himself enslaved
African Americans, compounds this insult. This prominent
location in the nation's capital, right outside of the White
House, should never have honored a man who owned slaves
and was responsible for the deaths of roughly 4,000 Native
Americans. Jackson's entire tenure is a shameful part of our
history. [...] I believe that this statue should be preserved and
placed in a museum, not displayed prominently in the nation's
capital. The next generation can learn from this painful chapter
in our history without celebrating it."

Estatua ecuestre de Andrew Jackson

Cita de la congresista Eleanor Holmes Norton (D-DC), del
24 de febrero de 2021: «La semana próxima será admitido
mi proyecto de ley para retirar esta estatua de un racista de
Lafayette Park. El propio parque Lafayette tiene un doloroso
pasado como mercado de esclavos. La estatua de Andrew
Jackson, que esclavizó a afroamericanos, agrava ese insulto.
Este prominente lugar de la capital de la nación, justo al lado
de la Casa Blanca, nunca debería haber honrado a un hombre
que poseía esclavos y fue responsable de la muerte de unos
4 000 nativos americanos. Todo el mandato de Jackson es una
parte vergonzosa de nuestra historia. [...] Creo que esta estatua
debería conservarse y colocarse en un museo, no exhibirse
en un lugar destacado de la capital de la nación. La próxima
generación puede aprender de este doloroso capítulo de nuestra
historia sin celebrarlo».

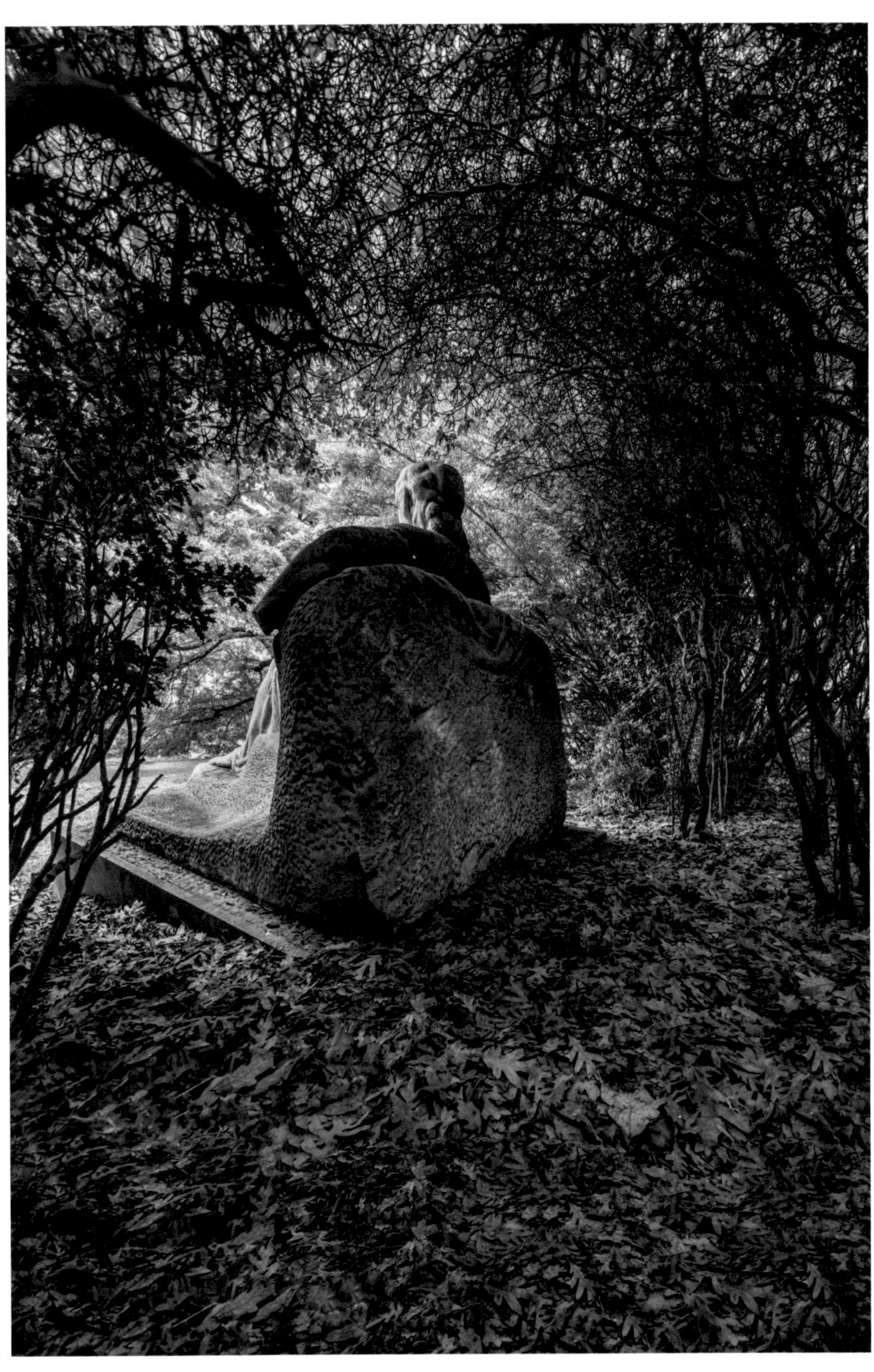

The statue Serenity

Public artwork located in Meridian Hill Park, known informally as Malcolm X Park. In 1916, Charles Deering commissioned the Catalan sculptor Josep Clarà i Ayats to create a depiction of "serenity" for the main patio of his villa in Sitges. However, subsequent alterations to the building forced Deering to change his plans, and he ended up placing the statue in Meridian Hill Park in honor of his friend and former classmate in the US Naval Academy, William Henry Schuetze (1853–1902). When the statue was eventually installed in 1925, a petition was launched against it on the grounds that certain "things" were "too big," in reference to the sculptural proportions of the figure's breasts. Members of the local community attacked the sculpture with hammers, causing damage that is still visible today on the woman's face. In 1960, the statue was reported to be missing its nose. In 1993 it was officially inspected and declared to be in need of restoration. In 2009, press reports announced that it also lacked its left hand and a big toe. In 2018, one of the sculpture's hands was also missing.

Estatua Serenity

Obra de arte público situada en Meridian Hill Park, también conocido informalmente como Malcolm X Park. En 1916, Charles Deering encargó al escultor catalán Josep Clarà i Ayats que creara una versión de «la serenidad» para el patio principal de su villa de Sitges. Sin embargo, unas alteraciones posteriores en el edificio obligaron a Deering a cambiar de idea y situar la estatua en el Meridian Hill Park como homenaje a su amigo y compañero de la Academia Naval de Estados Unidos William Henry Schuetze (1853-1902). Cuando la escultura se instaló, en 1925, se creó una petición oponiéndose a su colocación, alegando que ciertas «cosas» del modelo eran «demasiado grandes», refiriéndose al volumen escultural de sus senos. Algunos miembros de la comunidad golpearon la escultura con martillos, generando daños que permanecen hoy en día en el rostro de la mujer. En 1960 se informó de que a la pieza le faltaba la nariz. En 1993 se inspeccionó el estado de la escultura y se acordó que necesitaba tratamiento. En 2009, los informes de prensa indicaban que también le faltaban la mano izquierda y un dedo gordo del pie. En 2018, faltaba también una de las manos de la escultura.

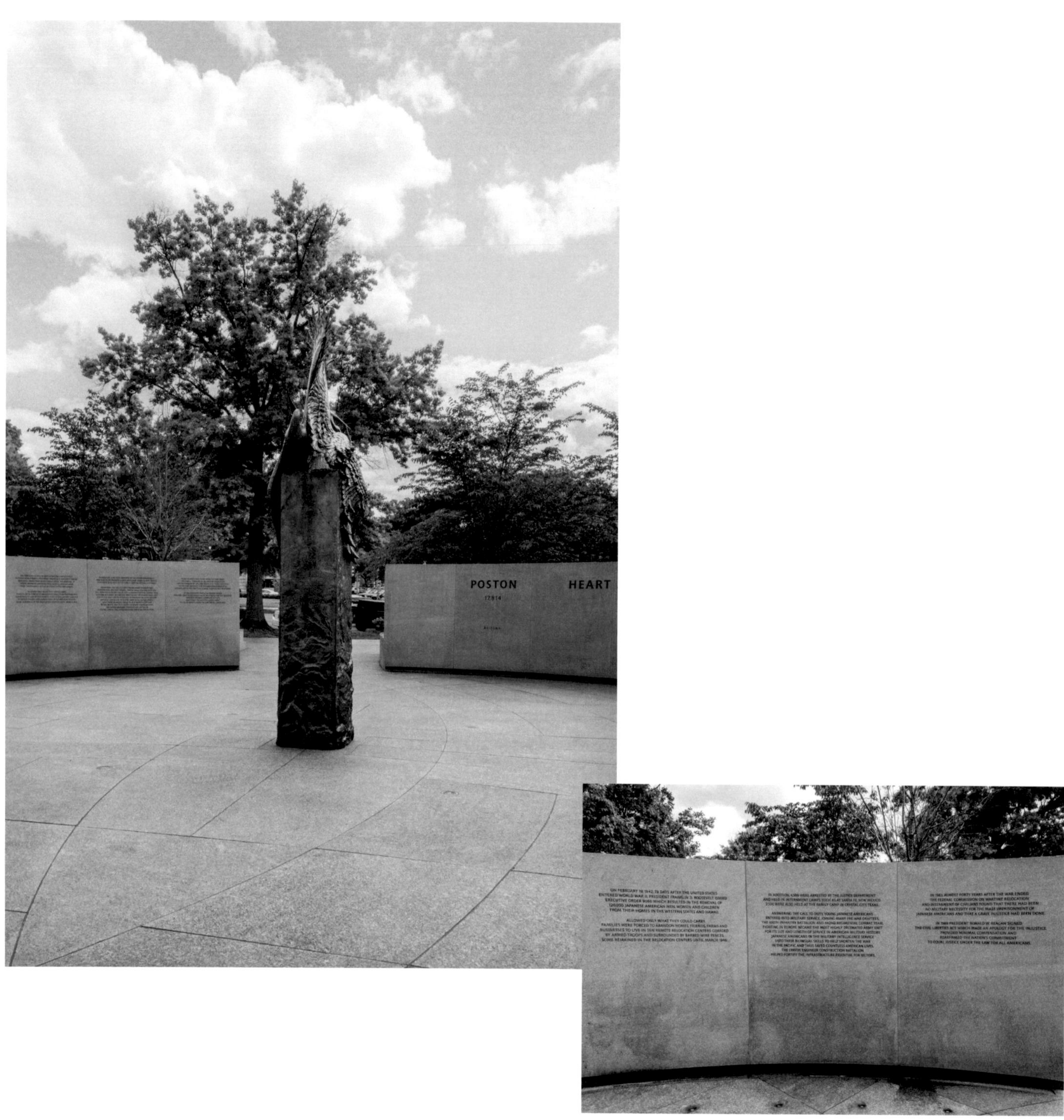

National Japanese American Memorial

Quotation taken from the inscriptions on the monument: "On February 19, 1942, 73 days after the United States entered World War II, President Franklin D. Roosevelt issued Executive Order 9066 which resulted in the removal of 120,000 Japanese-American men, women and children from their homes in the western states and Hawaii. Allowed only what they could carry, families were forced to abandon homes, friends, farms and businesses to live in ten remote relocation centers guarded by armed troops and surrounded by barbed wire fences. Some remained in the relocation centers until March 1946. In addition, 4,500 were arrested by the Justice Department and held in internment camps, such as Santa Fe, New Mexico. 2,500 were also held at the family camp in Crystal City, Texas."

Monumento Nacional Japonés-Americano

Cita extraída de las inscripciones del monumento: «El 19 de febrero de 1942, 73 días después de que Estados Unidos entrase en la Segunda Guerra Mundial, el presidente Franklin D. Roosevelt emitió la orden ejecutiva 9066 que resultó en el desplazamiento forzoso de 120 000 hombres, mujeres y niños japoneses-americanos de sus hogares en los estados del oeste y Hawái. Las familias fueron obligadas a abandonar sus hogares solo con lo que podían llevar consigo, para vivir en diez centros de reubicación remotos, vigilados por tropas armadas y rodeados de cercas de alambre de espino. Algunos permanecieron en los centros de reubicación hasta marzo de 1946. Además, 4500 fueron arrestados por el Departamento de Justicia y retenidos en campos de internamiento como el de Santa Fe, en Nuevo México. También fueron detenidos 2500 en el campamento familiar de Crystal City Texas».

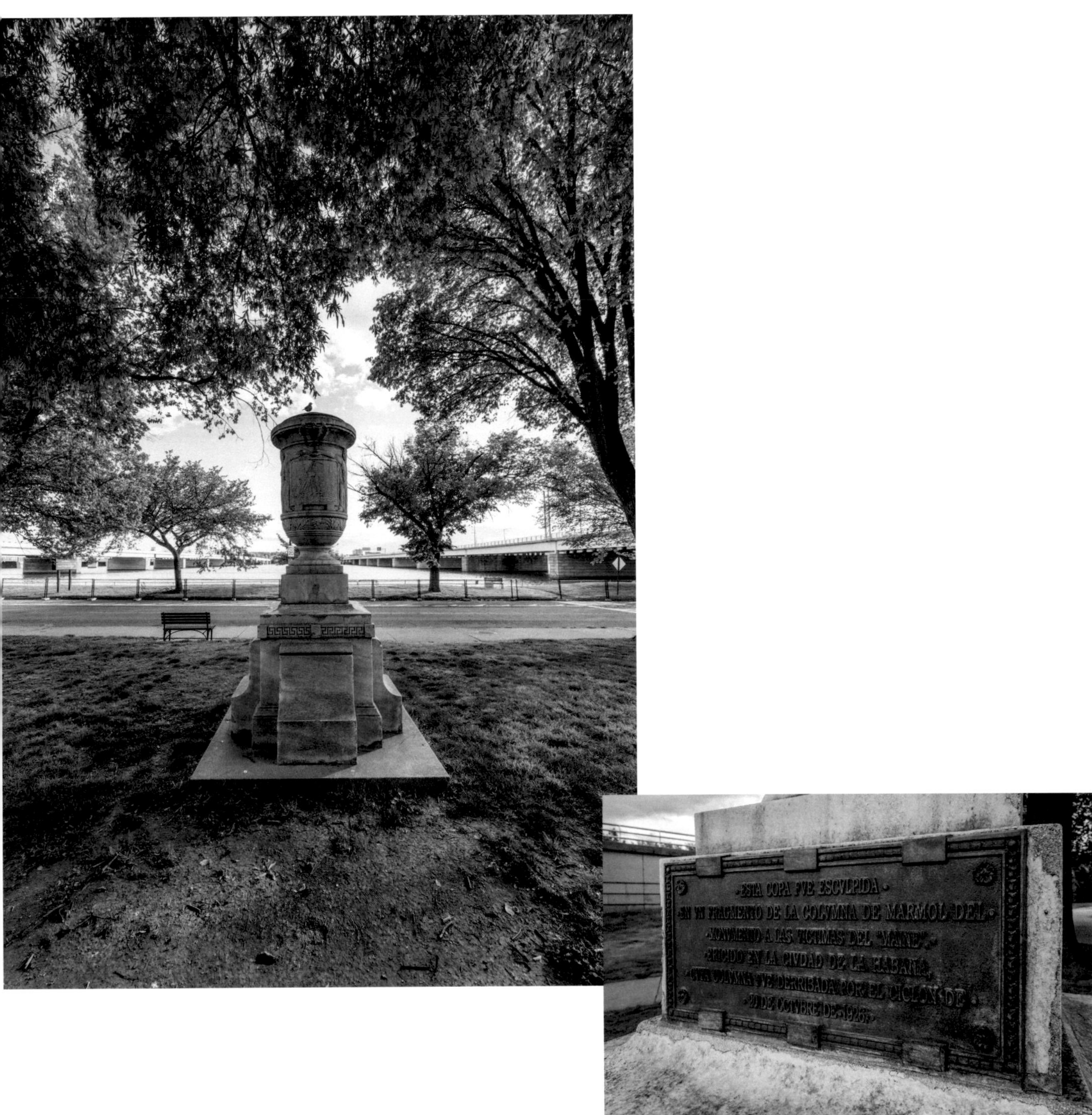

Cuban Friendship Urn

Transcription of one of its plaques: "This urn was sculpted from a fragment of the marble column of the Monument to the Victims of the Maine. Erected in the City of Havana, this column was taken down by the hurricane of October 20, 1926." Gerardo Machado, the President of the Republic of Cuba, donated this monument to the American President in 1928, and it was put in East Potomac Park (close to its current placement). After the relationship between the two countries deteriorated when Fidel Castro came to power in 1959, the urn reportedly stood for many years in front of the Cuban Embassy on 16th Street, NW. The official version maintained, however, that the urn had been removed due to the construction of a bridge on 14th Street and was then forgotten. In 1996, an article in a local newspaper was accompanied by a photograph of the urn lying in a warehouse belonging to the Park Service. This revelation triggered the rehabilitation of the monument, and it was returned to East Potomac Park in 1998.

Urna de la Amistad Cubana

Transcripción de una de sus placas: «Esta copa fue esculpida en un fragmento de la columna de mármol del monumento a las víctimas del Maine erigido en la ciudad de La Habana, columna derribada por el ciclón del 20 de octubre de 1926». El presidente de la República de Cuba Gerardo Machado regaló el monumento al presidente de los Estados Unidos Calvin Coolidge en 1928 y se colocó en East Potomac Park, en las proximidades de su ubicación actual. Algunos informes dicen que la urna estuvo durante muchos años frente a la Embajada de Cuba, en la calle 16 NW, después de que las relaciones entre ambos países se deterioraran tras el ascenso al poder de Fidel Castro en Cuba en 1959. La versión oficial dice que la urna se retiró debido a la construcción del actual puente de la calle 14 y cayó en el olvido. En 1996, una consulta a un periódico local con una fotografía de la urna tumbada en un almacén del Servicio de Parques inició la rehabilitación del monumento, que fue devuelto a East Potomac Park en 1998.

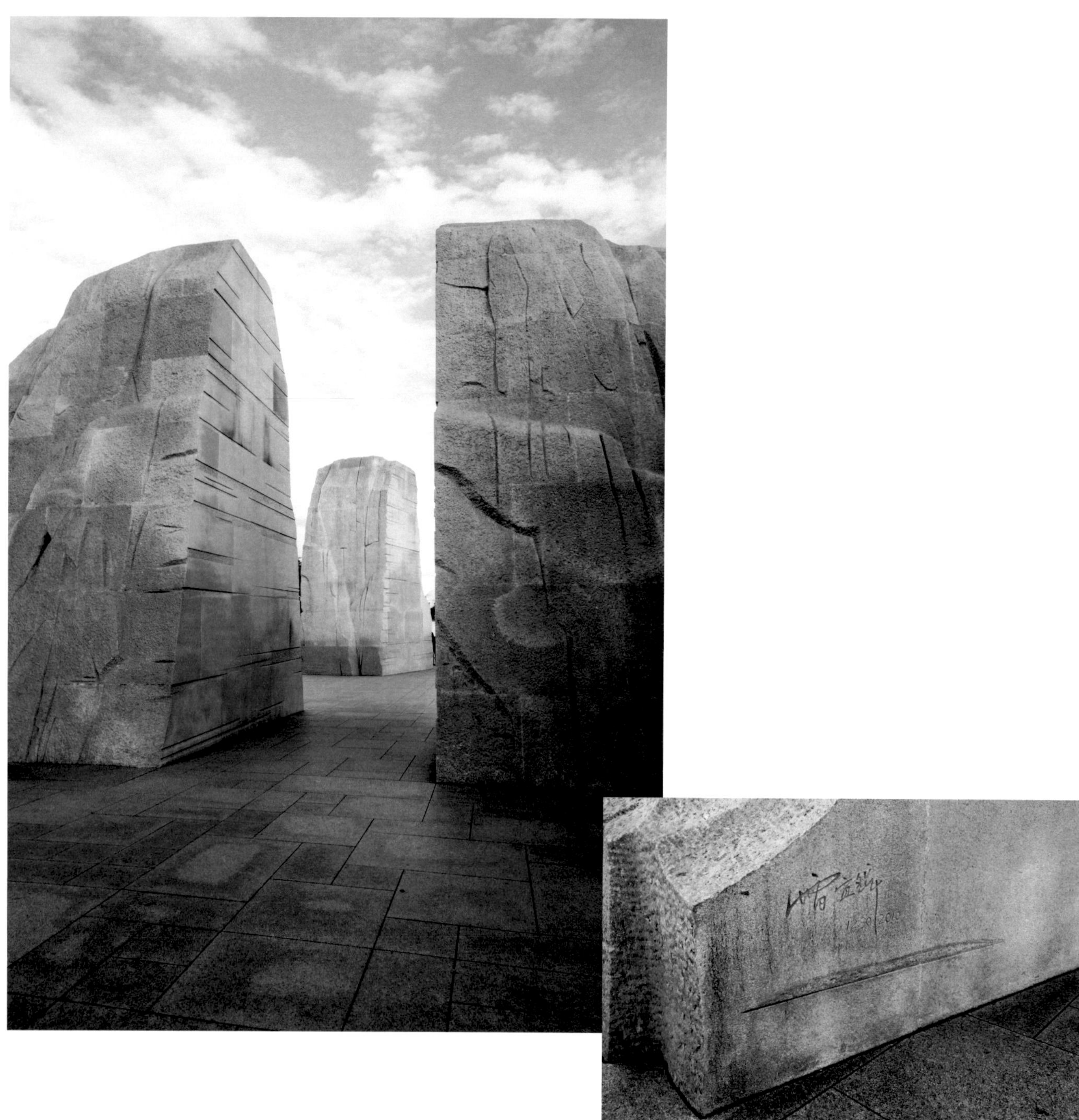

Martin Luther King, Jr. Memorial

The first memorial to an African American historical figure
on the National Mall. Unveiled in 2011. This monument was
surrounded by various controversies right from the start: the
Chinese sculptor who received the commission, Lei Yixin,
was apparently obliged to work in collaboration with the
African American Ed Dwight (who had been commissioned
to produce the memorial's original design) and the two did not
see eye to eye. The choice of stone —"white" granite shipped
in from China— was also criticized. There were reports that
the workers on the sculpture (who were also brought in
from China) were not unionized and had irregular contracts.
Furthermore, one of the quotations inscribed on the memorial
contained a paraphrase of Dr. King's actual words and
subsequently had to be amended.

Monumento a Martin Luther King, Jr.

Primer memorial a un personaje histórico afroamericano en
el National Mall. Inaugurado en 2011, diferentes controversias
han acompañado al conjunto desde su origen: el escultor
que recibió el encargo, el chino Lei Yixin, al parecer debía
trabajar en colaboración con el escultor afroamericano Ed
Dwigh, a quien se le había encargado el diseño original para la
escultura, del cual se desentendió. La piedra utilizada, granito
«blanco» traído desde China, también ha sido cuestionada.
Según algunas investigaciones, los trabajadores empleados,
provenientes asimismo de China, no estaban sindicados y
carecían de un contrato en condiciones. Una de las citas inscrita
en la escultura contenía importantes errores de interpretación
que tuvieron que ser posteriormente enmendados.

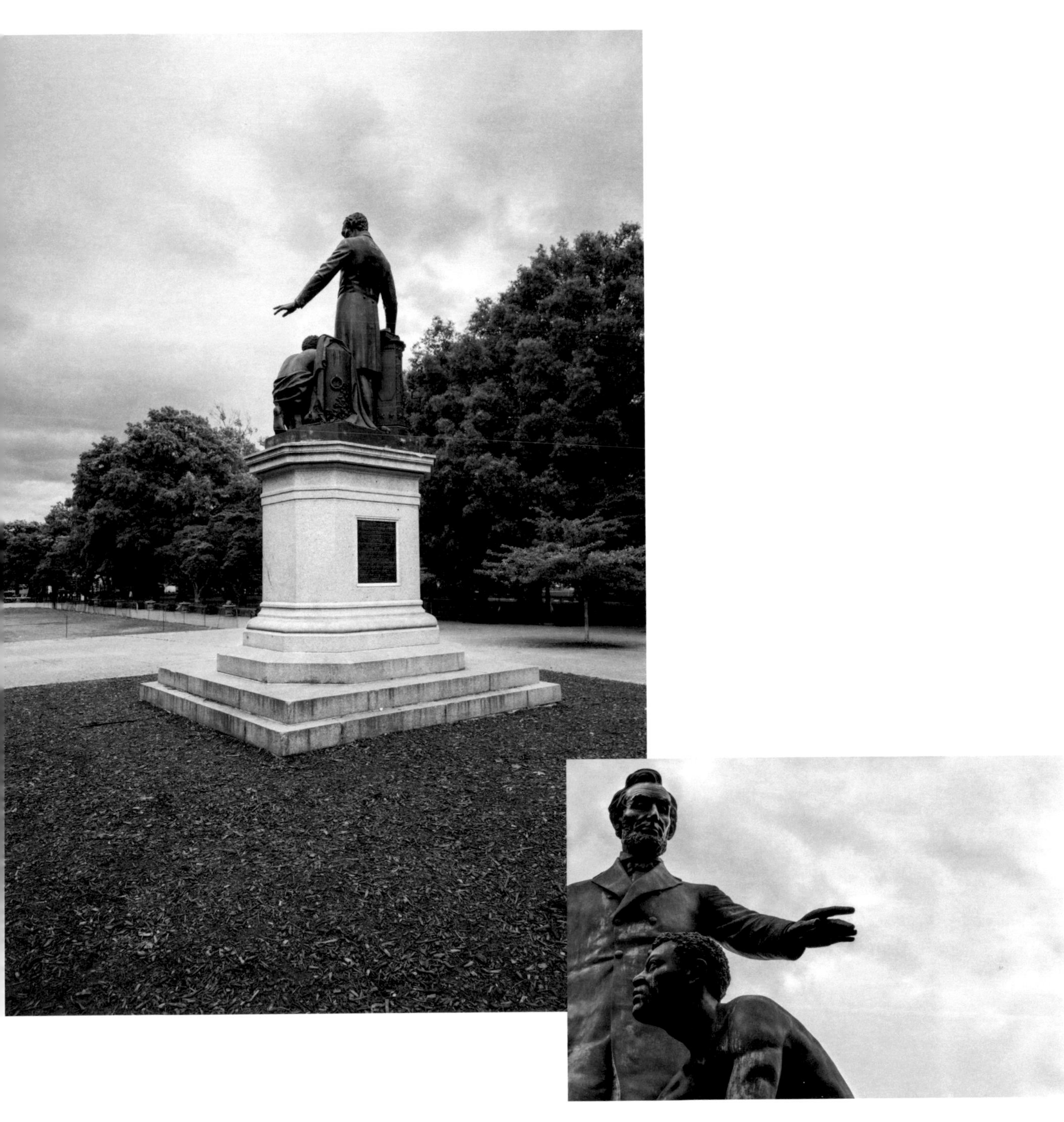

Emancipation Memorial

In February 2023, the Democrats in the House of Representatives introduced a bill, to coincide with Black History Month, that proposed the removal of the Emancipation Monument in Lincoln Park in Washington, D.C. due to its racially insensitive depiction of President Abraham Lincoln freeing an enslaved man. This bronze monument was installed in 1876 to commemorate the Proclamation of Emancipation, the order signed by Lincoln to put an end to slavery in the Confederation. Although freed slaves contributed to the fundraising for the monument, they had no say in what it would portray. The monument aroused controversy from the start on account of the placement of the freed slave at the feet of Lincoln, whose left hand hovers over his naked back. "The meaning is degrading," said Marcus Goodwin, a candidate for the District of Columbia Council. "To see my ancestors at the feet of Lincoln — it's not imagery that inspires African-Americans to see themselves as equal in this society." In 2020, Boston City Hall removed a replica of this monument (designed by the Bostonian Thomas Ball), following a unanimous vote by the municipal authorities.

Monumento a la Emancipación

Coincidiendo con el Black History Month, en febrero de 2023, los demócratas de la Cámara de Representantes propusieron una ley para retirar el Monumento a la Emancipación de Lincoln Park, en Washington D. C., por representar una imagen racialmente insensible del presidente Abraham Lincoln liberando a un hombre esclavizado. El monumento, realizado en bronce, data de 1876 y su objetivo era conmemorar la Proclamación de la Emancipación, la orden firmada por Lincoln que puso fin a la esclavitud en la Confederación. Aunque los fondos para el monumento fueron recaudados por esclavos liberados, estos no tuvieron voz ni voto en lo que se iba a representar. El monumento ha suscitado polémica desde sus orígenes por la posición del esclavo liberado a los pies de Lincoln, cuya mano izquierda se cierne sobre su espalda desnuda. «El significado es degradante», dijo Marcus Goodwin, candidato al Consejo del Distrito de Columbia. «Ver a mis antepasados a los pies de Lincoln no es una imagen que inspire a los afroamericanos a considerarse iguales en esta sociedad». El ayuntamiento de Boston retiró una réplica de este monumento diseñada por Thomas Bell (nativo de la ciudad) en 2020 tras el voto unánime de las autoridades municipales.

JUAN BARAJA

Juan Baraja (Toledo, 1984) explores the relationships between landscape, architecture, and the individual through the photographic medium. He uses a large-format analogic camera, and his images reflect the identity of spaces and their inhabitants by capturing their sensibilities with precision.

As a photographer of architecture and horizons, Baraja is meticulous with his framing and compositions, while staying alert to the unique essence of light at every location. This painstaking, emotional approach to his desired subject results in synesthetic images that make it possible to pass through places and inhabit buildings, while transcending the limitations of a specific site.

His work has been exhibited in the Fundación RAC (2023), the Museo ICO (2022), the Fundación Cerezales Antonino y Cinia (2020), and other institutions. His prizes include the Premio Campocerrado in the Estampa Contemporary Art Fair (2021) and the Premio Ciudad de Castellón de Artes Plásticas (2018).

Juan Baraja (Toledo, 1984) explora la relación entre paisaje, arquitectura e individuo a través del medio fotográfico. Sus imágenes, que obtiene por medio de un dispositivo analógico de gran formato, recogen la identidad de los espacios y sus moradores mediante la captación precisa de sus cualidades sensibles.

Fotógrafo de arquitecturas y horizontes, Baraja trabaja con precisión sus encuadres, entregándose a la composición de sus tomas y a la esencia única de la luz en cada emplazamiento. Su aproximación emocional y precisa a aquello que desea captar da como resultado unas imágenes sinestésicas que permiten transitar parajes y habitar construcciones, transcendiendo las limitaciones del lugar específico.

Su trabajo ha sido expuesto en la Fundación RAC (2023), el Museo ICO (2022) y la Fundación Cerezales Antonino y Cinia (2020), entre otras instituciones. Ha sido reconocido con el Premio Colección Campocerrado de la feria de arte contemporáneo Estampa (2021) o el Premio Ciudad de Castellón de Artes Plásticas (2018), entre otros.

PAULA ANTA

Paula Anta (Madrid, 1977) has developed her work in photographic series sparked by ideas that she develops on the spot, often via images constructed with scenic elements, along the lines of an installation. Her work displays a constant interest in the natural environment, which she approaches from various viewpoints in order to analyze it, while simultaneously subjecting herself to analysis as well.

Working somewhere between poetry and reflection, she has also delved into the fields of video and sound to create audiovisual projects in which music plays the dominant role.

She was awarded a doctorate in Fine Art by the Universidad Complutense in Madrid, in collaboration with the Akademie der Künste in Berlin and Saarbrücken University. Her work has been exhibited in fairs and museums such as Art D'Égypte (Cairo), the Dakar Biennale (Senegal), the Nobel Prize Museum (Stockholm), Château d'Eau (Toulouse), the Tabacalera (Madrid), the CCCB (Barcelona), and La Laboral (Gijón). Her prizes include the Premio de Cultura de la Comunidad de Madrid (2023) and the XI Premio Bienal Internacional de Fotografía Contemporánea Pilar Citoler (2021).

Paula Anta (Madrid, 1977) articula su trabajo en series fotográficas derivadas de ideas que desarrolla sobre el terreno, a menudo a través de escenografías que conforman la imagen resultante a modo de instalación. En su obra, es constante el interés por el medio natural, que aborda desde distintas perspectivas con el fin de analizarlo, al tiempo que se analiza a sí misma.

Entre la poesía y la reflexión, la artista también ha abordado los campos del vídeo y el sonido, forjando proyectos audiovisuales en los que la música es actor principal.

Doctorada en Bellas Artes por la Universidad Complutense en colaboración con la Akademie der Künste de Berlín y la Universidad de Saarbrücken, su obra ha sido expuesta en festivales y museos de todo el mundo, como Art D´Égypte (El Cairo), la Bienal de Dakar (Senegal), Nobel Prize Museum (Estocolmo), Château D'Eau (Toulouse), Tabacalera (Madrid), CCCB (Barcelona) o La Laboral (Gijón). Ha recibido, entre otros, el Premio de Cultura de la Comunidad de Madrid (2023) y el XI Premio Bienal Internacional de Fotografía Contemporánea Pilar Citoler (2021).

JESÚS MADRIÑÁN

Jesús Madriñán (Santiago de Compostela, 1984) uses large format analogue photography to reinterpret and modernize the portrait as an artistic genre. His work draws on traditional techniques to capture the atmosphere of spontaneous, almost ungraspable situations. His distinctive gaze offers a multi-layered generational portrait marked by youthfulness, tolerance, and diversity.

His most notable exhibitions include *I Am Light* (Centro Galego de Arte Contemporánea, Santiago de Compostela), *Mil noches y una noche* (Centre del Carme, Valencia), *El tiempo revelado* (Centro de Arte Alcobendas, PHotoESPAÑA), and those devoted to his series *Good Night London* in the Centro Cultural Kavlin in Punta del Este (Uruguay) and the Spanish Cultural Centers in Mexico City and Montevideo. He has also taken part in Paris Photo, Unseen Amsterdam, Photo London, ARCO, and the International Photography Awards in New York.

He has also worked as an associate teacher in Universidad Autónoma del Caribe (Colombia) and has collaborated with *The New York Times*, *Time* magazine, *Marie Claire*, Abanca, and the advertising agency Shackleton.

Jesús Madriñán (Santiago de Compostela, 1984) utiliza la fotografía analógica de gran formato para reinterpretar y actualizar el retrato como género artístico. Su producción parte de técnicas tradicionales para llegar a atrapar la atmósfera de situaciones espontáneas y casi inaprensibles. Su peculiar mirada ofrece un rico retrato generacional donde brillan la juventud, la tolerancia o la diversidad.

Entre sus exposiciones destacan *I Am Light* (Centro Galego de Arte Contemporánea, Santiago de Compostela), *Mil noches y una noche* (Centre del Carme, Valencia) o *El tiempo revelado* (Centro de Arte Alcobendas, PHotoESPAÑA), así como las dedicadas a su serie *Good Night London* en el Centro Cultural Kavlin de Punta del Este (Uruguay) y en los Centros Culturales de España en México D. F. y Montevideo. Además, ha participado en Paris Photo, Unseen Amsterdam, Photo London, ARCO o los International Photography Awards de Nueva York.

Ha ejercido, además, como profesor asociado en la Universidad Autónoma del Caribe (Colombia) y ha trabajado para *The New York Times*, la revista *Time*, *Marie Claire*, Abanca y la agencia de publicidad Shackleton.

ROSELL MESEGUER

A visual artist who holds a PhD with distinction in Fine Arts from the Universidad Complutense de Madrid, Rosell Meseguer (Orihuela, 1976) uses any medium at hand — photography, video, installations, painting, drawing — to investigate historical processes and their sociopolitical and economic consequences. Her professional practice opens windows on times and spaces from the past (often filtered through the imagination) that have left their mark on the present. As she puts it, her work tells stories that do not exist and maybe could have existed.

Her work can be found in Spanish collections such as the Fundación BBVA, the Fundación AENA, IVAM Valencia and the CA2M (Madrid), as well as in international collections in the USA (Whitney Museum's Board Member, NY) and Latin America (MAC-Museo de Arte Contemporáneo in Santiago, Chile). She collaborates with institutions such as the Museo Universidad de Navarra, the Universidad Complutense de Madrid and the PHotoESPAÑA master's program, and has been awarded prestigious grants, such as those of the Fundación Botín and the Fundació Miró Mallorca. She has exhibited in institutions like the Lázaro Galdiano in Madrid, The Photographers' Gallery in London, the MAVI in Santiago, Chile, and the National Museum of Photography in Copenhagen.

Artista visual y Premio Extraordinario de Doctorado en Bellas Artes por la Universidad Complutense de Madrid, Rosell Meseguer (Orihuela, 1976) utiliza cualquier medio a su alcance —fotografía, vídeo, instalaciones, pintura, dibujo— para investigar sobre los procesos históricos y sus consecuencias sociopolíticas y económicas. Su práctica profesional abre ventanas a tiempos y espacios pasados, a menudo filtrados por la imaginación, cuya huella pervive en el presente. Como afirma ella misma, su trabajo consiste en contar historias que no existen o que tal vez pudieron existir.

Su obra está presente en colecciones como Fundación BBVA, Fundación AENA, IVAM Valencia o CA2M (Madrid), así como en colecciones internacionales en Estados Unidos (Whitney Museum's Board Member, NY) o Latinoamérica (MAC-Museo de Arte Contemporáneo de Santiago, Chile). Colabora con instituciones como el Museo Universidad de Navarra, la Universidad Complutense de Madrid y el máster de PHotoESPAÑA, y ha disfrutado de prestigiosas becas como la de la Fundación Botín o la de la Fundació Miró Mallorca. Ha expuesto en instituciones como el Lázaro Galdiano de Madrid, The Photographers' Gallery de Londres, el MAVI de Santiago de Chile o el National Museum of Photography de Copenhague.

NICOLÁS COMBARRO

Nicolás Combarro (A Coruña, 1979) uses various artistic forms to set up a dialogue between architecture's transformational processes and their sociopolitical context.

He has had solo exhibitions in museums and art centers such as the Maison Européenne de la Photographie (Paris), the Maximiliansforum (Munich), and the Centro Galego de Arte Contemporánea (Santiago de Compostela), and in galleries like the Solo Galerie (Paris), Kwanhoon Gallery (Seoul), and the Galería Taché (Barcelona).

He has created site-specific works for the first Manila Biennale (Philippines), the Kreativquartier (Munich), and the 42nd Salón Nacional de Artistas (Cartagena de Indias). He has also undertaken projects specifically for art centers such as Caixaforum (Madrid, Barcelona), Tabacalera (Madrid), and the Spanish Pavilion for the 15th Venice Architecture Biennale.

He has received several grants and awards, most notably the FotoPres grant from La Caixa, the grant form the Spanish Royal Academy in Rome, Lauréat from the Cité Internationale des Arts in Paris, and the Saab Prize for the best exhibition in the Festival Off of PHotoESPAÑA.

Nicolás Combarro (A Coruña, 1979) emplea diferentes formas artísticas, estableciendo un diálogo con los procesos de transformación de la arquitectura y su contexto sociopolítico.

Ha realizado exposiciones en museos y centros de arte como la Maison Européenne de la Photographie (París), el Maximiliansforum (Múnich) o el Centro Galego de Arte Contemporánea (Santiago de Compostela), y en galerías como Solo Galerie (París), Kwanhoon Gallery (Seúl) o la Galería Taché (Barcelona).

Ha realizado piezas *site specific* para la I Bienal de Manila (Filipinas), Kreativquartier (Múnich) o el 42 Salón Internacional de Artistas (Cartagena de Indias). Asimismo, ha realizado proyectos específicos para centros como Caixaforum (Madrid, Barcelona), Tabacalera (Madrid) o el Pabellón de España de la XV Bienal de Venecia de Arquitectura.

Entre sus becas y premios destacan la 20 beca FotoPres de La Caixa, la beca de la Real Academia de España en Roma, Lauréat de la Cité Internationale des Arts de París y Premio Saab a la mejor exposición del Festival Off de PHotoESPAÑA, entre otros.

Publisher. Edición
La Fábrica
Spain USA Foundation

Project coordination.
Coordinación del proyecto
Cultural Office of the Embassy
of Spain in Washington, D.C.
Oficina Cultural de la Embajada
de España en Washington
(Miguel Albero, Paula Sánchez
Lahoz, Ana Fernández Quiñones,
Anna Sant Vall)

Photographs. Fotografías
Juan Baraja
Paula Anta
Jesús Madriñán
Rosell Meseguer
Nicolás Combarro

Texts. Textos
Miguel Albero (pp. 4-8)
María Santoyo (pp. 10-17)
Juan Baraja (p. 19)
Paula Anta (p. 39)
Jesús Madriñán (p. 51)
Rosell Messeguer (p. 67)
Nicolás Combarro (pp. 81-93)

Graphic design. Diseño gráfico
underbau

Translations. Traducción
Matthew Clarke

Proofreading. Corrección
de textos
Art in Translation
Eduardo Mesa

Production. Producción
Adriana Rodríguez

Pre-press. Preimpresión
La Troupe

Printing. Impresión
Artes Gráficas Palermo

The typefaces used in this book
are Knockout and Caslon and it
has been printed on 135-gram
Gardapat Kiara paper / Las
tipografías utilizadas en este libro
son Knockout y Caslon y ha
sido impreso en Gardapat Kiara
de 135 g

© this edition / de esta edición:
La Fábrica, 2023
© works / de las obras: their
authors / sus autores
© texts / de los textos: their
authors / sus autores

ISBN 978-84-18934-99-5
DL M-30151-2023

Printed in Spain / Impreso
en España

LA FABRICA

Founder. Fundador
Alberto Anaut

Director
Óscar Becerra

Publishing Director.
Director de La Fábrica Editorial
César Martínez-Useros

Editorial Content Manager.
Directora Editorial
Camino Brasa

Distribution Manager.
Director de Distribución
Raúl Muñoz

La Fábrica
Verónica, 13
28014 Madrid
T. +34 91 360 13 20
edicion@lafabrica.com
www.lafabrica.com

This project was commissioned
by the Cultural Office of the
Embassy of Spain in Washington,
D.C. and the Spain-USA
Foundation through its SPAIN
arts & culture program
(www.spainculture.us) / Este
proyecto ha sido impulsado por la
Oficina Cultural de la Embajada
de España en Washington y la
Spain-USA Foundation a través
de su programa SPAIN arts &
culture (www.spainculture.us)

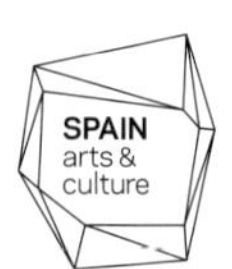
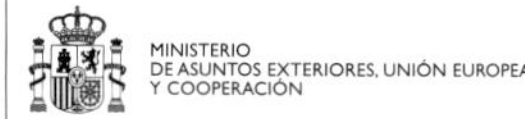
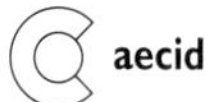
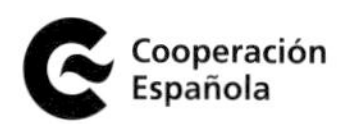